CITY|TRIP
PORTLAND

W0083682

Inhalt

◁ *Die Hawthorne Bridge [C/D6] über den Willamette River verbindet Downtown mit der Eastside (Foto: 002po-tp)*

Margit Brinke, Peter Kränzle

CITY|TRIP
PORTLAND

Nicht verpassen!

2 Oregon Historical Society Museum [A5]

Selten ist eine historische Einführung in Land und Leute so abwechslungsreich und unterhaltsam gestaltet wie in diesem Museum der Oregon Historical Society (s. S. 15).

3 Portland Art Museum [A5]

Dies ist kein gewöhnliches Kunstmuseum. Was es heraushebt, sind die Abteilungen zur regionalen Kunst und zur Kunst der indianischen Völker des Nordwestens (s. S. 17).

13 Powell's City of Books [A3]

Dieses Bücherkaufhaus ist fast schon eine Stadt für sich. Man benötigt einen Plan und viel Zeit, um sich auf den diversen Etagen und zwischen den endlosen Bücherregalen zurechtzufinden (s. S. 28).

21 Alberta Arts District [fk]

Pearl District und Old Town Chinatown sind die stadtnächsten Viertel, die Besucher erkunden sollten, noch bunter und kreativer präsentiert sich jedoch der Alberta Arts District (s. S. 35).

22 International Rose Test Garden [bo]

Dieser Garten hoch über der Stadt begeistert nicht nur wegen seiner Vielfalt an Rosen aus aller Welt, die hier getestet werden, sondern auch wegen des Ausblicks (s. S. 37).

23 Portland Japanese Garden [ao]

Der Japanische Garten in Portland dürfte zu den sehenswertesten Anlagen außerhalb Japans zählen. Wasserläufe und Bepflanzung beeindrucken ebenso wie die terrassierte Anlage selbst und die Architektur (s. S. 38).

31 Columbia River Gorge und Mt. Hood

Östlich von Portland liegt das malerische Tal des mächtigen Columbia River mit Wasserfällen, dichten Wäldern und beschaulichen Orten wie Hood River. Als Hintergrundkulisse dient der fast ganzjährig von Schnee bedeckte Mt. Hood (s. S. 46).

32 Oregon Wine Country/ Willamette Valley

Die besten Pinot Noirs (Spätburgunder) der USA kommen aus dem Willamette Valley vor den Toren Portlands. Das beschauliche Tal mit kleinen Orten, Farmen, Biohöfen und Weingärten ist eine Oase der Ruhe fernab jeglicher Hektik (s. S. 49).

Leichte Orientierung mit dem cleveren Nummernsystem

Die Sehenswürdigkeiten sind im Text und im Kartenmaterial mit derselben **magentafarbenen ovalen Nummer ❶** markiert. Alle anderen Lokalitäten wie Geschäfte, Restaurants usw. tragen ein **Symbol und eine fortlaufende rote Nummer (🔴1)**. Die Liste aller Orte befindet sich auf Seite 139, die Zeichenerklärung auf Seite 143.

Zeichenerklärung

★★★ nicht verpassen
★★ besonders sehenswert
★ wichtig für speziell interessierte Besucher

[A1] Planquadrat im Kartenmaterial. Orte ohne diese Angabe liegen außerhalb unserer Karten. Ihre Lage kann aber wie die von allen Ortsmarken mithilfe der begleitenden Web-App angezeigt werden (s. S. 143).

Updates zum Buch

www.reise-know-how.de/citytrip/portland19

Vorwahlen

❯ siehe Seite 119

Portland mag auf den ersten Blick beschaulich, fast etwas langweilig wirken. Sieht man jedoch hinter die Kulissen, versteht man, warum die Stadt als das „neue San Francisco" gilt. Es hat sich eine unglaublich kreative Szene entwickelt, und das auf verschiedenen Ebenen: musikalisch, handwerklich, kulinarisch, künstlerisch. Portland ist zugleich eine „Stadt der Zukunft": umweltbewusst, nachhaltig und experimentierfreudig.

Stadt der Neighborhoods

In Portland werden einzelne Viertel großteils nicht von Ethnien geprägt, sondern von Kunst (Alberta Arts District), Umweltbewusstsein und Recycling (Mississippi und Hawthorne District), Handwerk (Pearl District, Central Eastside) oder Braukunst (Pearl District).

Made in Portland

Es gibt wohl keine andere amerikanische Stadt, in der man so stolz auf lokale Produkte ist, egal, ob es sich um kulinarische Spezialitäten (Kaffee, Bier, Donuts), Lederwaren oder Mode handelt (s. S. 78).

Food Carts

Portland gilt als Epizentrum der Streetfood-Szene. Hier finden sich Food Cart Pods (s. S. 64), Imbisswagendörfer, die abwechslungsreiche und hochklassige Küche bieten.

Prost!

Portland ist die „Bierhauptstadt der Welt". Knapp 60 Brauereien finden sich im Stadtgebiet, über 80 im Großraum, viele davon mit Brewpub. An deren Bars lernt man auch die Einheimischen kennen (s. S. 68).

004po-tp

PORTLAND
ENTDECKEN

Willkommen in Portland

Es sind nicht allein die Sehenswürdigkeiten, die Portland besuchenswert machen. Es sind vielmehr die Atmosphäre und der besondere Lebensstil, den man hier pflegt. Portland ist nicht nur eine der umweltbewusstesten und fahrradfreundlichsten Metropolen der Welt, es ist auch eine kulinarische Hochburg, ein Kreativzentrum und für viele das „neue San Francisco".

„Keep Portland Weird", heißt ein Slogan der Stadt. Portland ist keine typische, moderne US-Metropole mit eindrucksvoller Skyline. Ein paar Wolkenkratzer markieren Downtown, doch viel stärker prägen das viele Grün der Parks und die Hügel im Westen das Stadtbild, außerdem der Willamette River mit seinen zwölf Brücken.

Bekannt ist Portland auch als **The City of Roses**, was auf den ungewöhnlichen Rose Test Garden **㉒** im Washington Park zurückgeht, der im Jahr 1907 entstanden ist. Es handelt sich um den ältesten Rosengarten Nordamerikas, doch das ist nur eine von vielen Superlativen: In „PDX", wie Portland auch genannt wird, finden sich mit **Powell's City of Books ⓭** der größte Buchladen der USA, mit dem **Portland Saturday Market** (s. S. 77) der größte amerikanische Freiluftmarkt und mit der **Portlandia ❹** die zweitgrößte Kupferstatue der Welt nach der Statue of Liberty. Außerdem ist hier auch **Nike** (s. S. 82), der größte Sportartikelhersteller der Welt, zu Hause.

Die Portlander selbst gelten als eher zurückhaltend, in den USA haftet der Stadt der Ruf an, eine Metropole der „Nerds", der Sonderlinge, zu sein. Man ist stolz darauf, die **„City of Books, Beers, Bikes and Blooms"** zu sein. Neben Powell's gibt es unzählige unabhängige Buchläden (s. S. 82) und dazu mehrere Dutzend Brauereien und Brewpubs. In keiner Stadt der Welt gibt es mehr, deshalb auch die Beinamen **„Beervana"**, **„Microbrew Capital of the World"** oder **„Munich by the Willamette"**. „Bikes" steht für die Fahrradfreundlichkeit und bei einem Aufenthalt lohnt es sich, das Fahrrad als Fortbewegungsmittel in Erwägung zu ziehen. Die Stadt gilt als eine der besten **Fahrradmetropolen** weltweit (s. S. 115). „Blooms", Blütenpracht, gibt es schließlich nicht nur im Rose Test oder im Japanese Garden **㉓**, sondern beispielsweise im ganzen **Washington Park** (s. S. 36).

Portland, dessen Großraum sich über mehrere Anhöhen um Willamette und Columbia River hinzieht, hat auch **kulturell einiges zu bieten**: Neben den hochkarätigen **Museen** gibt es hervorragende große und kleinere Bühnen und Ensembles, dazu fast ganzjährig ein buntes Programm an Festivals aller Art. Portland gilt als **ökologische Musterstadt**. Das viele Grün im Stadtzentrum passt zum Anspruch, Vorreiter in Sachen Umweltschutz, Energiesparen und Nachhaltigkeit zu sein. Der **Nahverkehr** ist perfekt ausgebaut, das Radwegenetz riesig und grünes Bauen, Recycling,

◁ *Vorseite: Diese Luftaufnahme bestätigt den Spitznamen „City of Bridges"*

▷ *Welcome to Portland Oregon – Schild am Zugang zu Old Town* **❾**

005po-mb

alternative Energien und Umweltschutz werden im öffentlichen wie im privaten Bereich forciert.

Die Besichtigung Portlands beginnt am besten in Downtown und zwar am zentralen **Pioneer Courthouse Square ❶**, wo sich das Infozentrum der Stadt (s. S. 110) und die Zentrale des Nahverkehrunternehmens (s. S. 126) befinden. Auf dem auf Seite 12 beschriebenen **Stadtspaziergang** gewöhnt man sich langsam an die Buntheit und Andersartigkeit der Stadt, lernt die vielfältigen Kultur- und Entspanngungangebote, kulinarische Spezialitäten und regionale Produkte kennen.

Um den Charakter der Stadt wirklich zu erleben, muss man sich in die einzelnen Viertel begeben. Der angesagte **Pearl District ⓬** grenzt beispielsweise direkt an Downtown an und war einst von den Lagerhallen des Bahnhofs geprägt. **Old Town Chinatown ❾** schließt sich ebenfalls direkt an die Innenstadt an und ist eines der wenigen stärker ethnisch geprägten Viertel der Stadt.

Mit dem öffentlichen Nahverkehr leicht zu erreichen sind andere Stadtteile, z. B. das zum Bummeln hervorragend geeignete **Nob Hill ⓯**, der kreative **Alberta Arts District ㉑** oder die alternativen Viertel **Mississippi ⓴**, **Williams ⓴** und der **Hawthorne District ⓰**. Von Downtown aus auch zu Fuß gut erreichbar ist die **Central Eastside** (s. S. 30), eine der Gegenden der Stadt, die derzeit „up & coming" sind – einerseits noch deutlich geprägt von Industrie, andererseits zunehmend Heimat von kleinen Produzenten, kreativen Läden und ungewöhnlichen Lokalen.

Was wäre Portland ohne sein **Outdoorangebot** – bei so viel Grün in der und rings um die Stadt! Besonders der **Washington Park** (s. S. 36) und die Uferpromenaden am Willamette River bieten sich zur Erholung oder für sportliche Aktivitäten an. Überhaupt kommen **Sportfans** nicht zu kurz (s. S. 117): Die Portlander sind begeisterte Anhänger ihrer beiden Topteams: Trail Blazers (Basketball) und Timbers (Fußball).

Unterwegs in Portland

Dank des dichten Radwegenetzes - vom reinen Radweg (Bike Blvd., Bike Lane) bis hin zur Straße mit Radweg („multi-use", „shared") - ist Portland die ideale **Fahrradstadt** *(s. S. 115), man kann aber auch vieles* **zu Fuß** *erkunden. Dazu ein kurzer Hinweis: 17 Blocks sind etwa eine Meile (1,6 km).*

Am bequemsten kommt man allerdings mit dem **öffentlichen Nahverkehr** *(s. S. 126) von A nach B. Es gibt zwei verschiedene Bahnen (MAX Light Rail, eine Mischung aus Tram und S-Bahn, und die Portland Streetcar) und dazu unzählige Buslinien.*

Hinweis für Autofahrer: Die viel frequentierte Autobahn I-5, die entlang der Westküste von der mexikanischen Grenze bis hinauf nach Kanada verläuft, durchschneidet die Stadt in Nord-Süd-Richtung entlang dem Willamette River. Die I-405 führt westlich um Downtown herum, im Osten umkreist die I-205 großräumig die Stadt und führt u. a. am Flughafen vorbei. Als wichtige Autobahn Richtung Osten beginnt die I-84 an der I-5 nahe dem Convention Center. Sie führt zunächst auf einer Trasse mit dem US-Higway 30 ostwärts entlang dem Columbia River, später durch den Bundesstaat Idaho nach Salt Lake City/Utah und mündet dort in die I-80. Der US Hwy. 30 folgt in Westrichtung dem Columbia River nach Astoria, der US Hwy. 26 verläuft als „Sunset Highway" westwärts zur Oregon Coast und stößt dort auf den Hwy. 101.

▷ *Das „Great Gate of Chinatown" führt ins chinesische Viertel* ⑨

Kurztrip nach Portland

Die meisten Reisenden aus Europa werden Portland als Station auf einer Rundreise durch den Nordwesten bzw. Westen ansteuern. Um die Stadt kennenzulernen und einige der Hauptattraktionen zu sehen, sollte man mindestens zwei volle Tage einplanen. Drei Tage wären ideal, alles darüber ein Gewinn.

1. Tag: Spaziergang durch die Innenstadt

Ein **Spaziergang durch das Zentrum** (s. S. 12) gibt einen guten ersten Überblick. Lässt man sich den ganzen Tag Zeit, bietet er ein breites Spektrum an Kultur und Erholung, Einkaufen und Kulinarik und abendlichen Vergnügungen. Beginnend am Infozentrum auf dem zentralen **Pioneer Courthouse Square** ①, steht zunächst die Kultur im Fokus. Dabei kann man zwischen Geschichte (Oregon Historical Society Museum ②) und Kunst (Portland Art Museum ③) wählen. Durch die Innenstadt geht es zur grünen Promenade am **Willamette River,** wo sich gut eine kurze Pause einlegen lässt, ehe man **Old Town Chinatown** ⑨ erkundet und bei Voodoo Doughnut (s. S. 67) auf einen Donut vorbeischaut.

Eine Ruheoase mitten in Chinatown ist der **Lan Su Chinese Garden** ⑩, wohingegen es im **Pearl District** ⑫ mit ausgefallenen Läden und Lokalen wieder umtriebiger zugeht. Nicht versäumen: einen Abstecher zu **Powell's City of Books** ⑬.

Der **Pearl District,** das an Downtown anschließende **West End** ⑭ oder der schnell per Streetcar erreichbare **Nob Hill** ⑮ eignen sich gut zum „Abhängen" am Abend.

2. Tag: Neighborhoods erkunden

Der zweite Besuchstag steht im Zeichen der **Neighborhoods,** der diversen Viertel, die den besonderen Charakter der Stadt ausmachen. Nach den zentrumsnahen Vierteln Old Town Chinatown ❾ und Pearl District ⓬ am ersten Tag, könnte nun zunächst die **Central Eastside** (s. S. 30), eines der derzeit spannendsten Viertel mit einem Mix aus Industrie, innovativen Läden und Werkstätten, Lokalen, Cafés, Brennereien und Brewpubs auf dem Programm stehen. Es liegt direkt gegenüber von Downtown am Ostufer des Willamette River – zu Fuss oder per Streetcar leicht erreichbar, allerdings relativ ausgedehnt.

Andere Viertel könnte man mit Bus und Bahn oder auch mit dem Leihfahrrad erkunden. Mit der MAX Light Rail (S-Bahn) gut erreichbar ist beispielsweise der **Mississippi District** ⓴ mit ausgefallenen Läden und zahllosen Lokalen im Nordwesten der Stadt. In die nahen Viertel **Williams District** ⓴ oder **Alberta Arts District** ㉑, wo die kreative Szene zu Hause ist, kommt man rasch mit dem Bus. Gleiches gilt für die im Südosten liegenden Regionen, besonders für den angesagten **Hawthorne District** ⓰ mit seinen zahlreichen Vintage-Läden. Da Portlands Busliniennetz dicht ist, kann man an einem Tag gut mehrere Viertel erkunden (Linienplan im Infozentrum erhältlich, s. S. 110).

3. Tag: Entspannen mitten in der Stadt

Es ist unübersehbar: Portland ist eine **grüne Stadt** mit Parks, Wasser und Bergen wie dem Mt. Hood ㉛. Grün und nichts als Grün bietet der riesige **Washington Park** (s. S. 36), der sich auf einer westlich der Innenstadt gelegenen Hügelkette ausbreitet und mühelos mit MAX Light Rail oder Bus erreichbar ist. Hier oben kann man einen ganzen Tag verbringen, den **Zoo** ㉔ besuchen, im sehenswerten **Japanese Garden** ㉓ ausspannen, den **Rosengarten** ㉒ bestaunen oder im **Hoyt Arboretum** ㉖ wandern, und behält dabei stets die sich einem zu

Füßen ausbreitende Stadt und den sich im Osten erhebenden und meist schneebedeckten Mt. Hood im Blick. Am Abend lohnt ein Bummel durch das nahe Viertel **Nob Hill** ⓯ .

4. Tag und folgende: Ausflüge

Einen weiteren Reiz von Portland macht das Umland aus. Innerhalb von einer oder zwei Autostunden kann man von Portland zum Beispiel zum Skifahren auf den **Mt. Hood** ㉛ gelangen. Idyllisch und abwechslungsreich ist die Fahrt entlang dem Columbia River ostwärts durch eine sehenswerte Schlucht, die **Columbia River Gorge** ㉛, zum beschaulichen Städtchen **Hood River**, wo man nicht nur an Bierproben teilnehmen, sondern sogar auf dem Fluss windsurfen kann.

Vor allem für Weinliebhaber und Gourmets bietet sich ein Ausflug ins **Willamette Valley** ㉜ an. „Oregons Garten Eden" ist reich gesegnet mit Gemüse und Obst, aber vor allem mit Wein, genauer, Pinot Noir. Während die westliche Talseite speziell an Wochenenden gern von Städtern bevölkert wird, ist die Ostseite ruhiger und weniger überlaufen. Dabei fehlt es auch hier nicht an interessanten Weingütern, Lokalen, netten Städtchen und Naturerlebnissen.

Stadtspaziergang

Idealer Ausgangspunkt für einen Rundgang, der ohne Besichtigungen etwa zwei Stunden in Anspruch nimmt, ist der **Pioneer Courthouse Square** ❶ . Hier kreuzen sich alle MAX-Light-Rail- und Streetcar-Linien, das **Visitor Information Center** (s. S. 110) hat hier seinen Sitz und ringsum haben sich Läden angesiedelt. Wie überall in den USA gibt es auch in Portland einen Broadway und diesem folgt man südwärts zur **Arlene Schnitzer Concert Hall** (s. S. 74) und dem sich gegenüber befindlichen **Portland'5 Centers for the Arts** (s. S. 75).

Von hier ist es nur ein Katzensprung zur Park Avenue, zwischen deren beiden Fahrspuren sich eine breite grüne Allee, u. a. bestehend aus dem **Shermanski Park** und den südlich anschließenden **SW Park Blocks**, befindet. Einmal die Woche findet hier ein großer Bauernmarkt statt und zwei der bedeutendsten Museen der Stadt laden hier zum Besuch ein: zum einen auf der Ostseite das **Oregon Historical Society Museum** ❷ mit sehenswerten Wechselausstellungen und einer permanenten Abteilung über die Geschichte des Bundesstaats und der Stadt, zum anderen das gegenüber gelegene **Portland Art Museum** ❸ . Es ist ei-

007 po-mb

nes der sehenswertesten Kunstmuseen im Westen der USA und zeigt als interessante Highlights die Kunst des Nordwestens und der regionalen Indianervölker.

Nach Kunst und Kultur geht es ostwärts durch die Innenstadt zur **Waterfront❺**, der grünen Uferpromenade am Willamette River. Zunächst läuft man dafür die SW Jefferson Street Richtung Fluss bis zur SW 5th Avenue. Hier lohnt ein kurzer Schlenker zur **Portlandia❹**, ehe es entlang der SW Madison Street weitergeht. Man passiert eine Reihe von Parks, die zu einer kurzen Pause einladen, z.B die Terry Schrunk Plaza. Die SW Madison Street und dann die SW 1st Avenue führen zur Waterfront. Ihr folgt man bis zum **Mill Ends Park**, wo der **Yamhill Historic District❻** beginnt, einer der ältesten Stadtteile Portlands. Zur **Mittagspause** bietet sich hier z. B. das ausgezeichnete Q Restaurant (s. S. 60) an.

Die SW 2nd Avenue führt Richtung **Old Town Chinatown❾**. An der SW Oak Street lohnt erneut ein Schlenker zum Fluss, denn hier befindet sich das **Oregon Maritime Museum❽** und an Wochenenden findet der **Portland Saturday Market** (s. S. 77) statt. Auf der SW Ankery Street geht es vorbei am **Skidmore Fountain❼** zunächst in den **Old Town Historic District** mit möglichen Stopps an zwei der Institutionen der Stadt: **Stumptown Coffee Roasters** (s. S. 66) und **Voodoo Doughnut** (s. S. 67).

Das **Chinatown Gate** an der Burnside Street wölbt sich über die NW 4th Ave., die nach **Chinatown** hineinführt. Folgt man der NW Couch Street nach rechts und dann der NW 2nd Street nach links, ist nach wenigen Minuten der **Lan Su Chinese Garden❿** erreicht, eine meditative Ruheoase inmitten pulsierenden Verkehrs.

Auf der NW 3rd Ave. geht es zurück zur NW Couch St., die in den angesagten **Pearl District⓬** führt. Überquert man erneut den Broadway, erreicht man an der parallel verlaufenden Park Avenue einen lang gestreckten Park, die **North Park Blocks.** Zwei Blöcke westwärts befindet sich eine Haltestelle („NW 10th/Couch") und die Straßenbahn bringt einen von hier zum Einkaufsbummel oder auf eine Stärkung zum nahen **Nob Hill⓯**. Auf dem Weg dorthin liegt einer der ungewöhnlichsten Parks im Pearl District: der **Tanner Springs Park** (s. S. 27), ein Stück Wildnis inmitten moderner Hochhäuser.

Den Tag ausklingen lassen könnte man zum Beispiel im Pearl District, zum Beispiel würde sich für einen Drink die **Von Ebert Brewing** (s. S. 71) in den **Brewery Blocks** (s. S. 78) anbieten. An der W Burnside Street im Süden geht der Pearl District in Downtown's West End⓮ über, auch hier werden Shopping und Nightlife großgeschrieben. Für „Leseratten" empfiehlt sich jedoch **Powell's City of Books⓭**.

Routenverlauf im Stadtplan
Der hier beschriebene Spaziergang ist mit einer farbigen Linie im Stadtplan eingezeichnet.

◁ *Mt. Hood❸❶, im Westen von Portland, bleibt immer im Blickfeld*

Typisch Portland

Das Motto der Stadt, „Keep Portland Weird", trifft es auf den Punkt: Portland gilt als kreatives Laboratorium, wo ausprobiert und experimentiert wird, wo Trends entstehen, Vintage und Retro großgeschrieben werden und Aussteiger und Existenzgründer sich wohlfühlen. Es gibt einige besondere Charakteristika:

› *„Made in PDX":* Es gibt wohl nur wenige Städte in den USA, in der es so viele kreative Handwerker und Künstler gibt, die stolz auf ihre handgefertigten Waren sind. Das Angebot ist riesig!

› *„City of Bridges":* Zwölf Brücken überspannen im Stadtgebiet den Willamette River, vier weitere führen über den mächtigen Columbia. Der Willamette River mündet am nördlichen Stadtrand in den Columbia, der Richtung Pazifik fließt.

› *„Rose City":* Der International Rose Test Garden ㉒ ist das Aushängeschild der Stadt, doch es gibt unzählige weitere hübsch gestaltete Parks und Gärten.

› *„Flavortown":* Bier, Kaffee, Donuts sind nur drei Produkte, die den Ruf Portlands als kulinarische Hochburg untermauern. Ebenfalls eine Besonderheit sind die unzähligen Food Carts, die kulinarische Leckerbissen aus aller Welt anbieten.

› *„City of Books":* In Portland gibt es nicht nur Powell's ⑬, den größten Buchladen der Welt, sondern dazu auch viele kleine, unabhängige Buchläden.

› *„Peddler's Paradise":* Für Radfahrer ist Portland ein Paradies, es gibt nur wenige Städte auf der Welt, die es mit der Fahrrad-Euphorie der Metropole aufnehmen können. Und wo sonst hätte die Idee aufkommen können, einen *„World Naked Bike Ride"* (s. S. 85) auszurichten um auf die Verletzlichkeit der Radler im Straßenverkehr hinzuweisen?

› *Benson Bubblers:* Durstig? Kein Problem dank dieser Trinkbrunnen an jeder Straßenecke. Trinkflasche mitnehmen!

› *Spitznamen:* Die „Andersartigkeit" Portlands zeigt sich auch an den vielen Beinamen, z. B. „P-Town", „PDX" (eigentlich die Flughafen-Abkürzung), Little Beirut (US-Präsident Bush, Sen., nannte die Stadt wegen der zahlreichen Protestbewegungen so), Stumptown (aus den Gründertagen, als erste Bauten auf den abgeholzten Baumstümpfen gebaut wurden) oder „Rip City" (s. S. 33).

› Und noch ein Hinweis zur Betonung des durch Portland fließenden Willamette River: *„It's Will-AM-it, dammit!"*

◁ *Portland gilt als Paradies für Radfahrer*

Downtown Portland

❶ Pioneer Courthouse Square ★ [B4]

Der Pioneer Courthouse Square gilt als Portlands „gute Stube". Er ist mit rotem Pflaster gestaltet und mit einer halbkreisförmigen Stufenkonstruktion versehen, die als Zuschauerrang bei Veranstaltungen fungiert. Mächtige Säulen rahmen die Nord- und v.a. die Südseite und auf dem Platz sind Kunstwerke und Installationen wie der viel fotografierte **Bronze-Mann mit Regenschirm** („Allow Me" von J. Seward Johnson aus Princeton/ New Jersey) verteilt. Sehenswert ist auch der **Waterfall Fountain** am Zugang zum Visitor Information Center (s. S. 110).

Der Pioneer Courthouse Square ist seit der **Eröffnung 1984** ein beliebter Treffpunkt und lebhafter Veranstaltungsort. Ganzjährig finden hier vielerlei Events statt, um die 300 sollen es sein. Das Spektrum reicht von Märkten über Open-air-Konzerte bis hin zu Demonstrationen, von Freiluftkino über Messen bis hin zu Kunstinstallationen. Abgesehen von der städtischen Infostelle unterhält hier auch das Nahverkehrsunternehmen TriMet eine Info- und Verkaufsstelle (s. S. 126). Ringsum stehen einige Food Carts wie Fried Eggs I'm In Love und seit 2007 ist der Platz „smoke free".

Am Ostende des Platzes duckt sich eher unscheinbar das **Pioneer Courthouse** von 1875 im Schatten der modernen Hochhäuser. Dahinter – ostwärts, Richtung Willamette River – beginnt die **Pioneer Place Mall** (s. S. 78), im Westen des Platzes befindet sich eine Filiale der Kaufhauskette Nordstrom.

> ❯ Pioneer Courthouse Square, www. pioneersquare.org, Infos zu Events: http://thesquarepdx.org
> ❯ **Anfahrt:** MAX Light Rail, alle Linien. Stopps des Portland Streetcar alle zwei bis drei Blocks westwärts.

❷ Oregon Historical Society Museum ★★★ [A5]

Wer tiefer in die faszinierende Geschichte des Nordwestens, des Bundesstaats Oregon und der Stadt Portland eintauchen möchte, darf dieses hochinteressante Museum der Oregon Historical Society nicht auslassen. Modern präsentiert, erfährt man viel über Land und Leute und die Sonderausstellungen sind zudem höchst sehenswert.

Die **Oregon Historical Society** (OHS) verfügt über eine umfangreiche Sammlung, die sich mit Geschichte, Geografie, Umwelt, Wirtschaft und Bewohnern des Staats und der Stadt befasst. Schon kurz nach der Gründung der Gesellschaft 1898 kamen ein **Museum** und eine wissenschaftliche Bibliothek dazu. Seit 1900 fungiert das „Oregon Historical Quarterly" als Sprachrohr der Society und Fachblatt. Anfangs im Rathaus untergebracht, zog das Museum mehrmals um, ehe 1966 das vormalige Sovereign Hotel (Park Ave./Madison St.) von 1923 zur Heimat wurde. 1982 erwarb die OHS den Bau, veräußerte ihn aber 2014 und ist nun in dem angrenzenden Neubau zu Hause.

Noch immer befindet sich in der alten Hotellobby der Museumsladen und an der Außenwand des alten Hotelbaus prangen die 1989 in Auftrag gegebenen **Wandbilder.** Im Westen, direkt neben dem Zugang zum Neubau, sieht man eine Darstellung der Lewis-und-Clark-Expedition von 1804

009po-mb

bis 1806 mit Meriwether Lewis, William Clark, Sacagawea und York sowie dem Hund Seaman (s. S. 91). Auf der Südseite geht es hingegen um die historische Entwicklung Oregons von John Jacob Astor über Siedlertrecks und Oregon Trail bis heute. Die monumentalen Gemälde stammen von dem aus Wisconsin stammenden Künstler **Richard John Haas** (geb. 1936) und wurden in Trompe-l'oeil-Technik gefertigt. Beim Verkauf des historischen Gebäudes wurde festgelegt, dass der Bau äußerlich nicht verändert werden darf und die Kunstwerke erhalten bleiben müssen.

Die **umfangreichen Kollektionen** des Museums – über 85.000 Ausstellungsstücke verschiedener Genres – verteilen sich über mehrere Abteilungen auf **drei Etagen** (und Archive). Mithilfe von Artefakten, Fotos, Filmen, Manuskripten, Büchern und Tondokumenten, aber auch digital und interaktiv, wird v. a. die ereignisreiche Geschichte Oregons beleuchtet. Zu den Dauerausstellungen gehört „History Hub", eine speziell für Kinder und Ju-

gendliche entwickelte Ausstellung, die sich mit der Bevölkerungsvielfalt in Oregon früher und heute, mit verschiedenen Indianerstämmen, unterschiedlichen Zuwanderern, Ethnien und Religionen befasst. „Oregon Voices" informiert über wichtige Persönlichkeiten – Menschen, die den Staat mitgeformt haben, die politisch, sozial und gesellschaftlich von Bedeutung waren oder sind.

Die 2019 eröffnete Dauerausstellung „**Experience Oregon**" beschäftigt sich auf einer ganzen Etage (3rd floor) in mehreren Sektionen mit Filmen, interaktiv und mit szenischen Nachbauten mit der Geschichte Oregons. Mithilfe von Kunst, Kunsthandwerk, Fotos, (Audio-/Video-)Dokumenten etc. werden die ursprünglich hier lebenden Indianer, die Eroberungsgeschichte, die Entstehung von Missionen, die Siedlerzüge auf dem Oregon Trail und die Themen Immigration, Geografie, Industrie und Umwelt näher beleuchtet. Ein Highlight der Ausstellung ist der sog. **Portland Penny**, der von den Gründungsvätern eingesetzt wurde, um zu entscheiden, welchen Namen die Stadt bekommen sollte. Nach einem **Einführungsfilm** geht es durch den **Nachbau eines Planwagens** – in Erinnerung daran, dass die meisten Siedler über den Oregon Trail mit solchen Gefährten ins „Gelobte Land" zogen – hinein in diesen neu gestalteten Ausstellungsbereich.

❯ 1200 SW Park Ave., www.ohs.org, Mo.– Sa. 10–17, So. 12–17 Uhr, $ 15, auch interessante Wechselausstellungen zu Spezialthemen und „Online Exhibitions"
❯ **Anfahrt:** Portland Streetcar NS Line oder A Loop „Art Museum"

◁ *Wandbilder am Gebäude der Oregon Historical Society* ❷

❸ Portland
Art Museum ★★★ [A5]

Das Portland Art Museum (PAM) wirkt etwas verschachtelt und erfordert Zeit, dennoch kann es sich mit anderen hochkarätigen Kunstmuseen der Welt messen. Besonders sehenswert sind die Sammlungen zur regionalen Kunst, zur zeitgenössischen Kunst und zur Kultur der hier beheimateten Indianervölker.

Quert man, vom Oregon Historical Society Museum ❷ kommend, die SW Park Avenue, steht man vor dem Portland Art Museum (PAM). Die beiden Fahrtrichtungen der Straße werden durch einen Parkstreifen (mit Wochenmarkt, s. S. 77) voneinander getrennt.

Ein Stückchen nördlich des Museums (1005 SW Park Ave.) fällt im Grün eine **Statue von Abraham Lincoln** ins Auge, etwa auf Höhe des Museums wurde **Teddy Roosevelt** verewigt. Wegen der beiden Museen, aber auch wegen des nahen **Portland'5 Centers for the Arts** (s. S. 75) und der **Arlene Schnitzer Concert Hall** (s. S. 74), wird das ganze Areal **Portland's Cultural District** genannt.

Das PAM zählt zu den besten Kunstmuseen des amerikanischen Westens. 1892 war die Sammlung als **Portland Art Association** gegrün-

Nordwestküsten-Indianer

*In Oregon besiedelten den Küstenstreifen zwischen der Cascade Range und der Pazifikküste indianische Völker wie die Clatsop, Chinook oder Tillamook. Diese Stämme genossen wie andere Völker des Nordwestens bis zur Ankunft der Weißen einen gewissen **Wohlstand.** Flüsse und Pazifik boten reichlich Fisch, das mild-feuchte Klima sorgte für holzreiche Wälder mit dichtem Wildbestand und auch Früchte waren reichlich vorhanden.*

*Nicht nur die großen **Holzhäuser**, in denen ganze Sippen lebten, sondern auch das hoch entwickelte **Kunsthandwerk** zeugen von dem herrschenden Reichtum. Vor allem die Holzbearbeitung wurde meisterlich beherrscht. Die oft figurativen Werke wie Holzmasken, die von Schamanen und kultischen Tänzern getragen wurden, oder monumentale **Totempfähle** hatten meist religiöse Bedeutung. Bei Letzteren handelt es sich um Wappen-*

pfähle, die übereinander angeordnet Familien- und Klanembleme zeigen und so die Geschichte einer bestimmten Sippe erzählen. Daneben wurden Kisten, Truhen, Zeremonienstäbe, Löffel, Schöpfkellen und Rasseln nicht nur für kultische Zwecke, sondern auch für den Alltagsgebrauch hergestellt.

*Daneben verstanden sich viele Westküsten-Stämme auf die **Flechtkunst** – als berühmteste Beispiele sei an die konischen Hüte erinnert. Einzigartig ist auch das **Textilgewerbe:** Basierend auf Baumwolle, Rindenbast und Haaren von Wildtieren entstanden Schürzen, Leggins (Beinkleider), Hemden und Chilkat-Decken (Tanzumhänge). Letztere zählten im 19. Jh. zum wertvollsten Besitz der Stämme. Zudem waren die Küstenvölker gut im **Handel** und nach dem Auftauchen der ersten Weißen spielten sie eine wichtige Rolle beim Warenaustausch zwischen Küste und Hinterland.*

det worden. Das Museum ist somit eines der ältesten in den USA und dazu mit rund 350.000 Besuchern im Jahr ein überaus beliebtes. 90 % der Fläche nimmt die eigene Sammlung ein, der Rest wird für Sonderausstellungen genutzt.

Über 42.000 Objekte von der Antike bis heute sind auf 10.000 m² Fläche in verschiedenen Gebäudeteilen ausgestellt. Dabei genießen die Native American Art, moderne und zeitgenössische Kunst, englisches Silber, asiatische Kunst, Fotos und Grafik hohes Ansehen.

Bis 1905 war das Museum in der Public Library untergebracht, dann zog es mehrfach um, ehe es sich 1932 an der Ecke SW Park Ave. und Jefferson St. niederließ. Das **Gebäude** stammt von dem lokalen Architekten Pietro Belluschi und wurde mehrfach erweitert und renoviert. Dieser Kern des Museums, das Main Building, wird nach dem Sponsor Winslow B. Ayer auch **Ayer Wing** genannt. Zum Centennial, dem 100-jährigen Geburtstag der Stadt 1992, wurde das Gebäude nicht nur umgestaltet, sondern man kaufte auch den angrenzenden Freimaurertempel von 1925 und eröffnete ihn als **Mark Building** mit Bibliothek, Büros, Theater und Eventflächen sowie dem Jubitz Center. Den zweiteiligen Museumskomplex, der zwei Straßenblöcke einnimmt, verbindet ein parkartiger, frei zugänglicher **Skulpturengarten.**

Für Besucher besonders interessant ist das **Confederated Tribes of Grand Ronde Center for Native American Art,** die Abteilung, die sich mit Kunst und Kunsthandwerk der Indianervölker der Nordwestküste befasst. Im **Arlene and Harold Schnitzer Center for Northwest Art** geht es um Kunst und Kultur des gesamten Nordwestens vom späten 19. Jh. bis heute, wohingegen im **Jubitz Center for Modern and Contemporary Art** die Kunst des 20. und 21. Jh. im Vordergrund steht. Das **Gilkey Center for Graphic Arts** umfasst mehr als 20.000 Zeichnungen, Drucke, Poster und Bücher, die einen Zeitraum von über 500 Jahren abdecken.

Interessant ist auch das Programm im **Northwest Film Center,** das seit 1979 zum PAM gehört und sich im Untergeschoss befindet. Es gibt regelmäßig Film-/Videoausstellungen und -vorführungen, vor allem fungiert das Center aber als Ausrichter mehrerer Festivals: des **Northwest Filmmakers' Festival** (Nov.), des **Portland International Film Festival** (Feb.) und des **Reel Music Festival** (Jan.), bei dem es um das Zusammenspiel von Ton und Bild, Musik und Kultur geht.

❯ 1219 SW Park Ave., http://portlandartmuseum.org, Di./Mi./Sa./So. 10–17, Do./Fr. bis 20 Uhr, $ 20, mit NW Film Center, Filmvorführungen im Whitsell Auditorium im Museum, https://nwfilm.org

❯ **Anfahrt:** Portland Streetcar NS Line oder A Loop „Art Museum"

❹ Portlandia ★★   [B5]

Auf dem Weg vom Kulturzentrum ostwärts zum Willamette River geht es durch Portlands lebhaftes Geschäftszentrum. Eines der markanten Gebäude ist dabei das **Portland Public Service Building** (1120 SW 5th Ave.), ein programmatischer Bau der Postmoderne, geplant von dem weltbekannten Architekten **Michael Graves** (1934–2015). Zusammen mit der Piazza d'Italia in New Orleans (Charles Moore, 1978) und dem AT&T Building in New York City (Philip Johnson, 1984) ist das Portland Building

EXTRAINFO

„Portlandia"

„Portlandia" heißt nicht nur die markante Kupferstatue vor der Stadtverwaltung, sondern auch eine **satirische TV-Serie,** die zwischen 2011 und 2018 ausgestrahlt wurde. Hauptakteure waren Fred Armisen („Saturday Night Live") und Carrie Brownstein (Musikerin der Punkrock-Band „Sleater-Kinney"). International bekannte Schauspieler, Filmemacher, Sportler und Multitalente aus der Stadt sowie Gaststars aus der lokalen Indie-Musikszene traten als Gäste auf. In kurzen Sketchen verkörperten die beiden Schauspieler verschiedene Charaktere, die das Lokalkolorit widerspiegelten, und persiflierten die Welt der Portland-Hipster, aber auch die Kreativ- und Alternativszene der Stadt. Kein Wunder, dass die Einheimischen der Serie bis heute mit gemischten Gefühlen gegenüberstehen.

011po-mb

eines der **wegweisenden postmodernen Gebäude** aus der Zeit zwischen den 1960er- und 1980er-Jahren, das in keinem Architekturhandbuch fehlt.

Nach einer Wettbewerbsausschreibung für einen Neubau für die Stadtverwaltung direkt neben der Portland City Hall (1221 SW 4th Ave.) wurde Graves' Entwurf 1980 zum Sieger erklärt. Sein Fokus lag auf einer „humanen Architektur" und er plante einen symmetrischen, 15-stöckigen Block in weißem Stuck, klassisch dreigeteilt in Fußzone, Mitte und oberen Abschluss. Das Gebäude erhebt sich über einer zweistöckigen, mit blaugrünen Terrakottafliesen verkleideten Basis. Dazu fallen schematisierte Pilaster und Gebälk, Spiegelglas und Girlanden ins Auge – großteils in Reliefdekor oder aufgemalt.

Der Bau wurde 1982 fertiggestellt, was noch fehlte war die **Portlandia,**

eine programmatische, knapp 12 m hohe Statue aus gehämmertem Kupfer. Die kniende, auf die Passanten herabschauende Göttin in klassischem Gewand mit Dreizack in der Hand wurde 1985 über dem Haupteingang an der 5th Avenue installiert. Die **zweitgrößte Kupferstatue der USA** nach der Freiheitsstatue in New York stammt aus der Werkstatt von Raymond Kaskey (geb. 1943), einem Bildhauer aus Pittsburg, und basiert auf der Darstellung im Stadtwappen: Dort sieht man eine (stehende) Frau in klassisch-griechischer Kleidung mit Dreizack. Die Kaskey-Version hockt und greift mit der rechten Hand nach unten. Stünde sie, wäre die Kupferstatue etwa 15 m groß.

◹ *Wehrhafte Riesengöttin in Kupfer: die Portlandia*

O12po-mb

Auf der Rückseite des Baus an der 4th Ave. laden mehre Parks zum Ausruhen ein, darunter die **Chapham** und **Lownsdale Squares** sowie die **Terry Schrunk Plaza**, die wie ein Theaterrund im Grashang angelegt ist. Hier auf dem Rasen sitzend oder liegend, fällt der Blick auf den futuristischen Bau des **Edith Green – Wendell Wyatt Federal Building**. Das 1975 vom weltberühmten Architekturbüro SOM (Skidmore, Owings & Merrill) geplante Hochhaus wurde 2009 bis 2013 vom lokalen Büro SERA Architects zu einem der nachhaltigsten Wolkenkratzer der Welt umgebaut. Zwei Blocks südlich befindet sich gleich ein weiterer Stadtpark: der **Ira Keller Fountain Park** mit einem spektakulären künstlichen Wasserfall, der über mehrere Betonblöcke herabfällt.

❯ 1120 SW 5th Ave., Anfahrt: MAX Green/Orange „City Hall"

🔼 *In Portland ist viel historische Bausubstanz erhalten, z. B. im Yamhill Historic District*

❺ Waterfront Park ★ **[C6]**

Von der Terry Schrunk Plaza sind es nur drei Blocks zur begrünten Promenade am Westufer des Willamette River. Der **Governor Tom McCall Waterfront Park**, benannt nach dem gleichnamigen Gouverneur von Oregon (im Amt von 1967 bis 1975), erstreckt sich zwischen Hawthorne Bridge im Süden und Burnside Bridge im Norden und ist ein beliebter Treffpunkt, ein Freizeitpark und eine grüne Oase. Hier am Flussufer genießt man einen herrlichen Ausblick auf mehrere der zwölf Brücken der Stadt und auf das Treiben auf dem Wasser mit Kajaks, Drachenbooten und Ausflugsdampfern.

Am Fluss erstreckt sich der **Yamhill Historic District ❻**, hier liegt der Raddampfer mit dem **Oregon Maritime Museum ❽** vor Anker, an Wochenenden findet der beliebte Portland Saturday Market (s. S. 77) statt, dazu mehrere Festivals und Veranstaltungen, allen voran das Portland Rose Festival (s. S. 85).

❻ Yamhill Historic District ★ [C5]

Zwischen Willamette River und SW 2nd Ave. sowie zwischen SW Taylor und SW Morrison St. erstreckt sich über sechs Blocks – mit der Yamhill Street als Hauptachse – der Yamhill Historic District. Das kleine Viertel ist Teil von Downtown und steht größtenteils unter Denkmalschutz.

In den späten 1850er-Jahren war das Areal an der Waterfront beliebter Treff der Seefahrer und Hafenarbeiter und damit auch ein Zentrum des Nachtlebens, in dem sich auch allerhand dubiose Gestalten herumtrieben. Vom späten 19. Jh. bis in die 1930er-Jahre hinein befand sich hier zudem das wirtschaftliche Herz der Stadt und v. a. rund um den **Carroll Public Market** wurde gehandelt und es wurden Geschäfte abgeschlossen.

1873 zerstörte „The Great Fire" große Teile der Innenstadt, setzte Downtown in Flammen und richtete auch im Yamhill District große Schäden an. Zu den wenigen erhaltenen Bauten gehört das 1858 erbaute **Northrup, Blossom & Fitch Building** (731–737 SW Naito Pkwy.). Heute befinden sich in den meist renovierten Gebäuden kleine Geschäfte, Kunstgalerien und Restaurants wie das empfehlenswerte Q Restaurant (s. S. 60).

Ein Kuriosum am Südostrand des Distrikts ist der **Mills End Park** (Front/ SW Taylor St.), eigentlich nur ein bepflanzter Steintrog mit Baum mit einem Durchmesser von 60 cm, der jedoch einen Eintrag ins Guinness-Buch der Rekorde als „kleinster Park der Welt" geschafft hat.

❯ **Anfahrt:** MAX Red/Blue „Yamhill District" (stadtauswärts) bzw. „SW 3rd" (stadteinwärts)

❼ Skidmore Fountain/Old Town Historic District ★★ [C3]

Old Town und Chinatown sind heute offiziell zu einem Viertel zusammengefasst, doch die um die Burnside Street gelegenen Blöcke zwischen NW Davis St. und SW Oak St. sowie 3rd Ave. und Willamette River stehen als **Old Town National Historic District** unter Denkmalschutz. Auch hier wütete 1873 das „Great Fire" und auch hier wurde danach wieder aufgebaut.

In Yamhill ❻ und hier haben sich etliche **Cast-Iron-Gebäude** mit Gusseisen-Rahmenwerk erhalten. Sie bilden die größte Konzentration solcher Bauten nach New Yorks berühmtem Stadtviertel SoHo. Zwischen 1854 und 1889 wurden fast 90 % der Wirtschaftsgebäude in Portlands Zentrum in diesem Stil erbaut. Eines der ersten und noch erhaltenen ist das **Hallock & McMillan Building** von 1857. Auch zwei benachbarte Bauten an der SW 1st Ave. (Yamhill) – **Pearne Bldg**. (1865) und **Poppleton Bldg.** (1867) – überstanden das „Great Fire" von 1873. Der Großteil der erhaltenen Gebäude entstand nach dem Brand, z. B. der 1876 fertiggestellte **Italianate Centennial Block** (Yamhill) oder eines der heutigen Wahrzeichen der Stadt, das **New Market Theater** von 1872. Das 1889 erbaute **Glisan's Building** war der letzte Bau, der in Cast-Iron-Technik erbaut wurde.

An der zentralen Ankeny Plaza befindet sich ein berühmter Brunnen, der **Skidmore Fountain.** Er wurde 1888 dank der Hinterlassenschaft des Apothekers Stephen Skidmore errichtet. Entworfen hat ihn der Künstler Olin Levi Warner (1844–1896), der sich bei der Weltausstellung in Paris 1878 Inspirationen geholt hatte. Der

Verhext gute Donuts

Dass **Voodoo Doughnut** (s. S. 67) 2003 eröffnet wurde, ist zwei kreativen Köpfen zu verdanken: Kenneth „Cat Daddy" Pogson und Richard „Tres" Shannon. Obwohl der Laden (inzwischen mit mehrere Filialen) 24 Stunden geöffnet ist, können die Schlangen vor der Tür endlos sein. Dafür entschädigen die fantasiereich benannten Kuchenstückchen wie Bacon Maple, Captain my Captain oder Old Dirty Bastard Donuts.

Man kann die kleinen, entweder in heißem Fett ausgebackenen oder aber aus Rührteig hergestellten glasierten oder bestreuten, teils auch gefüllten Teigringe oder -krapfen draußen an Picknicktischen an der Ankeny Alley verzehren oder sie sich in die typischen rosa Pappschachteln einpacken lassen. Kaffee dazu gibt es nur wenige Schritte entfernt in einer anderen Institution der Stadt: bei **Stumptown Coffee** (s. S. 66). Gut essen lässt sich auch im nahen **Pine Street Market** (s. S. 62), einer der derzeit angesagten Food Halls mit verschiedenen Imbissständen.

010po-mb

deutschstämmige Brauereichef Henry Weinhard (s. S. 27) bot an, zur Eröffnung statt Wasser Bier aus dem Brunnen sprudeln zu lassen, was der Stadtrat zum Unmut der Bevölkerung aber dankend ablehnte.

❯ SW 1st Ave./Ankeny St., Anfahrt: MAX Red/Blue „Skidmore Fountain"

● **1** [C3] **Glisan's Building**, 112 SW 2nd Ave.

● **2** [C4] **Hallock & McMillan Building**, 237 SW Naito Parkway

● **3** [C5] **Italianate Centennial Block**, 210–218 SW Morrison St.

● **4** [C3] **New Market Theater**, 50 SW 2nd Ave.

● **5** [C5] **Pearne Bldg.**, 814 SW 1st Ave.

● **6** [C5] **Poppleton Bldg.**, 818 SW 1st Ave.

❽ Oregon Maritime Museum ⭐ [D4]

Das Oregon Maritime Museum oder **Museum on the River** befindet sich auf dem historischen **Raddampfer „Portland"**. Dieses letzte operierende Schiff seiner Art im Nordwesten – ein Schleppschiff, das großen Frachtern beim Navigieren unter den Brücken hindurch half – ist 1947 vom Stapel gelaufen und steht noch heute zu Ausflugsfahrten zur Verfügung. Ansonsten ankert es am Ufer des Willamette und lädt zur Erkundung des Decks, einschließlich des Ruderhauses und des Maschinenraums, ein. Es sind Schiffsmodelle, maritime Ausstellungsstücke und Memorabilien, Dokumente und Fotos zu sehen.

1967 hatte das Oregon Maritime Museum im historischen Smith Block Building an Portlands Waterfront auf Privatinitiative eröffnet, 1994 kam das restaurierte Schiff dazu. 2002 wurden Teile der Ausstellung auf das

Schiff verlegt und das Gebäude wurde aufgegeben. Der alte Sternwheeler (Heckraddampfer) „Portland" bildete übrigens im Film „Maverick" (1994) mit Jodie Foster und Mel Gibson die Hintergrundkulisse.

Nördlich des Museums findet am Ufer unterhalb der Burnside-Brücke an Wochenenden der berühmte **Portland Saturday Market** statt.

❭ **Oregon Maritime Museum,** Willamette River nahe Waterfront Park, SW Naito Parkway/Pine St., www.oregonmaritimemuseum.org, Mi./Fr./Sa. 11–16 Uhr, nur Touren (ca. 45 Min.), letzte 15.15 Uhr, $ 7

❭ **Anfahrt:** MAX Red/Blue „Skidmore Fountain"

EXTRATIPP

Portland Saturday Market
Der **Portland Saturday Market** (s. S. 77) findet von März bis Weihnachten Sa. von 10 bis 17 und So. von 11 bis 16.30 Uhr unter der Burnside Bridge statt. Mit über 250 Verkaufsständen (Kunst, Kunsthandwerk, Souvenirs, Lebensmittel, Secondhandkleidung, Imbissstände etc.), die großteils von Künstlern bzw. Produzenten aus der Region betrieben werden, und einer Konzertbühne mit Livemusik, handelt es sich um den größten kontinuierlich geöffneten Open-Air-Markt in den USA.

Portland Neighborhoods

❾ Old Town Chinatown ★★ [C3]

Old Town und Chinatown sind offiziell zu einem einzigen Viertel mit dem Namen „Old Town Chinatown" zusammengefasst. Die Burnside Street trennt Downtown von den nordwestlichen Vierteln, doch einige Blöcke von **Old Town** liegen südlich, am Flussufer um den **Skidmore Fountain** ❼. Das eigentliche **Chinatown**, eines der wenigen echten ethnischen Viertel der Stadt, erstreckt sich nördlich der Burnside St. zwischen Willamette, Union Station und Broadway.

Old Town Chinatown wird auch **Portland's Entertainment District** genannt (s. S. 72). Da sich hier auch etliche Missionen und Hilfsstellen für Obdachlose und Drogensüchtige befinden, ist auch diesbezüglich das Publikum bunt gemischt.

Stilecht betritt man Chinatown durch ein Tor, das **Chinatown Gateway**, das unübersehbar an der Burnside Street die NW 4th Ave. überspannt. Man schreitet unter 78 Drachen und 58 anderen mythologischen Figuren hindurch und wird zu beiden Seiten von zwei Steinlöwen gegrüßt, männlich und weiblich, Yin und Yang. Das 12 m hohe Tor aus Bronze, Marmor, Granit, Holz, Stahl und Ziegeln wurde von der Chinese Consolidated Benevolent Association 1984 in Auftrag gegeben, in Taiwan gebaut, verschifft und im November 1986 aufgestellt. An Front- und Rückseite befinden sich die Inschriften „Portland Chinatown" bzw. „Vier Meere, eine Familie".

Chinesische Hinterlassenschaften findet man noch heute in den sog. **Shanghai Tunnels**, die sich wie ein Labyrinth im Untergrund erstrecken. Miteinander verbundene Keller, Räume und niedrige Tunnels reichten bis zur Waterfront und machten den Schmuggel von illegalen Gü-

Neighborhoods & Coalitions – Stadtviertel in Portland

Abgesehen von den fünf geografischen „Sections" der Stadt – SE, SW, NE, NW und N – ist die Stadt in sieben **District Coalitions** sowie freie Viertel (wie Lloyd District ⑲) eingeteilt. Diese untergliedern sich wiederum in 95 **Neighborhood Associations** (NA).

Neben Downtown mit dem West End ⑭ und dem sich direkt anschließenden Old Town Chinatown ⑨ sowie dem Pearl District ⑫ gehört der nahe gelegene, mit der Straßenbahn rasch erreichbare Nob Hill ⑮ zu den für Besucher **lohnenden Vierteln.** Im Ostteil der Stadt, jenseits des Willamette River, lohnen die Central Eastside (s. S. 30), der Hawthorne District ⑯, die Mississippi ⑳ und der Alberta Arts District ㉑.

tern und Menschen („shanghaied victims") möglich. Auch dubiose Etablissements wie Bordelle, Opium- und Spielhöhlen befanden sich hier. Durch die unterirdische Stadt bietet **Discover Portland Walking Tours** (s. S. 118) Führungen an.

Sehenswert ist das 1911 entstandene Gebäude der **Chinese Consolidated Benevolent Association** (CCBA, 315 NW Davis St., http://oregonccba.org). Die Organisation kämpfte gegen Diskriminierung, half bei Formalitäten, schlichtete Streitigkeiten und arrangierte Gemeinde-Aktivitäten. Heute befinden sich in dem Gebäude eine Sprachschule, eine Bibliothek und ein kleines Museum (nur auf Anm. geöffnet, siehe Website). Erhalten ist darüber hinaus das **Pallay Building** (231–239 NW 3rd Ave.), ein roter Ziegelbau von 1908, das ursprünglich Wohnungen, Läden, ein Hotel und sogar ein Badehaus beinhaltete.

An die japanische Gemeinde erinnern das **Oregon Nikkei Legacy Center** (s. S. 54) im historischen Merchant Hotel aus den 1880er-Jahren, das einst als Wäscherei, Badehaus und *barber shop* fungierte. Außerdem erinnert die **Japanese-American Historical Plaza** nördlich der Burnside Bridge an jene Japaner, die während des Zweiten Weltkriegs in den USA in Camps interniert wurden.

> **Infos** zu Chinatown/Japantown Historic District: www.nps.gov/nr/travel/asian_american_and_pacific_islander_heritage/Portland-New-Chinatown-Japantown-Historic-District.htm
> **Anfahrt:** MAX Red/Blue „Old Town Chinatown"

⑩ Lan Su Chinese Garden ★★ [C2]

Hauptsehenswürdigkeit in Chinatown ist der Lan Su Chinese Garden, dessen Gebäude und Konstruktionen wie Brücken, Stege oder Pavillons per Schiff aus der chinesischen Schwesterstadt Suzhou nach Portland gebracht wurden. Er gilt als einer der authentischsten chinesischen Gärten außerhalb Chinas, gestaltet **im Stil der Ming-Dynastie.** Von außen kaum einsehbar, da das Areal mit hohen Mauern von der Außenwelt abgeschirmt ist, verbirgt sich auf über 3700 m² Fläche ein Juwel, das im Jahr 2000 eröffnet und von chinesischen Gartenarchitekten, Gärtnern und Künstlern designt wurde.

Hat man den Garten durch das Eingangsportal betreten, taucht man in eine andere Welt ein: Um einen zentralen Teich gruppieren sich verschiedene Gartenteile, ein Teehaus, traditionelle Gebäude und Pavillons mit verschiedenen Funktionen, Brücken, gewundene Pfade und Kolonnaden-

Portlands asiatisches Erbe

*Ethnisch geprägte Viertel – wie China-town oder Little Italy – machen häufig den Reiz amerikanischer Großstädte aus. Portland stellt diesbezüglich eine Ausnahme dar, da es eigentlich nur ein deutlich ethnisch geprägtes Viertel gibt: Chinatown. Es erinnert an den einst hohen asiatischen Bevölke-rungsanteil der Stadt und bestand ur-sprünglich aus **zwei Teilen: Japan-town** (Nihonmachi) und **Chinatown.** Chinesische Immigranten waren ab Mitte des 19. Jh. von den Goldminen Kaliforniens und den Feldern Südwest-Oregons nach Portland gelangt, aber auch per Dampfschiff via San Francis-co direkt aus China.*

***Chinatown** entstand auf einem Areal, das von den Amerikanern we-gen der Überflutungsgefahr gemieden wurde: um SW 1st und 2nd Ave. bzw. SW Washington und Alder St. In den 1870er-Jahren waren die ersten chi-nesischen Tempel, Geschäfte und Ein-richtungen in Betrieb und die Gemein-de wuchs. Handelte es sich anfangs vor allem um alleinstehende Männer, brachten Händler später Frauen und Familien mit nach Portland.*

Die frühesten Gebäude waren zwei-stöckige Holzhäuser, die später, vor al-lem nach dem „Great Fire" von 1873 – das in einer chinesischen Wäscherei ausgebrochen sein soll (heute vermutet man Brandstiftung) –, durch größere und aufwendiger verzierte Bauten aus Ziegel und Stein ersetzt wurden. Im Erdgeschoss befanden sich die Läden, oben die Wohnungen, aber auch Säle, Theater und Tempel.

*Steuern und Mieten stiegen an und mehr und mehr Menschen zogen in die Region nördlich der Burnside Street, auch um den ständigen Über-schwemmungen zu entgehen. So ent-stand hier in den 1880er-Jahren **New Chinatown,** wo Ende des 19. Jh. über 4500 Chinesen gelebt haben sollen. Sie arbeiteten auch im Eisenbahnbau, in Sägemühlen, auf Farmen und in Fisch-konservenfabriken und ihre Zahl stieg im Winter, wenn die Saisonarbeiter zurückkehrten, auf bis zu 10.000 Men-schen an. Die **chinesische Gemeinde** in Portland hatte sich zur **zweitgröß-ten in den USA** nach der in San Fran-cisco entwickelt.*

*Nach einer weiteren **Flutkatast-rophe 1894** zogen auch die übrigge-bliebenen alten chinesischen Geschäf-te und Betriebe nach New Chinatown um, wo ein Krankenhaus, mehrere Tempel und ein Theater gebaut wur-den. Außerdem entstanden im Un-tergrund die labyrinthischen **Shang-hai Tunnels,** bekannt für dubiose Etablissements und Aktivitäten.*

*Als der 1882 erlassene **Chinese Ex-clusion Act,** der die chinesische Ein-wanderung einschränkte, Wirkung zeigte, stieg die Zahl **japanischer Zu-wanderer.** Es entstand ein eigenes **Ja-pantown** mit Schulen, Kirchen, Ho-tels, Ärzten und Infrastruktur.*

Nach dem japanischen Angriff auf Pearl Harbor im Zweiten Weltkrieg (1941) wurden die japanischen Bewoh-ner jedoch enteignet und in Camps in-terniert. Portlands Japantown erhol-te sich davon nicht mehr. Gleichzeitig wanderten junge, in der Stadt gebore-ne Chinesen in die Suburbs im Norden und Westen ab und Chinatown verlor seinen typischen Charakter.

gänge. Im Garten findet jedes Jahr die chinesische Neujahrsfeier, die **Lan Su's Chinese New Year Celebration**, statt.

❯ 239 NW Everett St., www.lansugarden. org, saisonal variable Öffnungszeiten, mind. tgl. 10–18 Uhr, $ 10. Buntes Programm an Konzerten, Tanzdarbietungen, Ausstellungen, Workshops etc. und Garden Shop

❯ **Anfahrt:** MAX Red/Blue „Old Town Chinatown"; MAX Green/Orange „NW Couch"

Im Teehaus

Im Lan Su Garden befindet sich das zweistöckige **Teahouse**, betrieben von Tao of Tea, einer in Portland beheimateten Teefirma. Neben chinesischen Tees gibt es auch kleine Gerichte. Im nahe gelegenen Red Robe Tea House (s. S. 61) kommen außer Tee auch kantonesische Gerichte auf den Tisch.

⓫ Portland Union Station ★   [B1]

Wenige Straßenblöcke nordwestlich des Lan Su Chinese Garden ⓾, zwischen Broadway und Steel Bridge, befindet sich Portlands Hauptbahnhof, die **Union Station**. Sie wird markiert durch einen über 15 m hohen **Uhrturm** im neo-romanischen Stil mit gold-blauen Neonschildern. 1882 hatte das renommierte New Yorker Architekturbüro McKim, Mead & White den weltgrößten Bahnhof geplant, doch realisiert wurde letztendlich ein preiswerterer Entwurf von Van Brunt & Howe, der 1896 fertiggestellt wurde. Die **Neonschilder** mit den Aufschriften „Go By Train" und „Union Station" kamen 1948 dazu.

1971, als Union Pacific, Burlington Northern und Southern Pacific den Personenverkehr an Amtrak übergaben, wurde die Leuchtschrift abgeschaltet, doch 1985 auf Wunsch der Bevölkerung und dank Spendenaktionen reaktiviert. 1996 wurde renoviert und 2004 erneut modernisiert. Heute wird der Bahnhof regelmäßig von mehreren Amtrak-Zügen frequentiert, die PDX mit Seattle und Vancouver, Eugene, Sacramento, der San Francisco Bay und Los Angeles sowie Chicago verbinden. In nächster Nähe zum Bahnhof befindet sich ein Nahverkehrsknotenpunkt, die **Portland Transit Mall**, an der sich Buslinien und MAX Light Rail kreuzen.

❯ 800 NW 6th Ave., www.amtrak.com/ stations/pdx, Anfahrt: MAX Green/Yellow „NW Hoyt" bzw. Green/Yellow/Orange „NW Glisan"

△ *Der Lan Su Chinese Garden* ⓾ *ist eine Ruheoase mitten in der Stadt*

⑫ Pearl District ★★ [A2]

Westlich vom Bahnhof und von Old Town Chinatown erstreckt sich der Pearl District, ein ehemaliges Lagerhausviertel, das inzwischen nicht nur zur beliebten Wohnadresse, sondern auch ein Hotspot in Sachen Nachtleben geworden ist und neben Restaurants und Brewpubs auch zahlreiche interessante Läden bietet.

Bekannt ist das Areal auch als „Eco District", vor allem wegen des Eco-Trust Building, auch Jean Vollum Natural Capital Center genannt (721 NW 9th St., www.ecotrust.org). Dieses Musterbeispiel für grünes, umweltfreundliches Bauen und ebensolchen Betrieb ist zugleich Sitz des Office of Sustainable Development. Eine über 100 Jahre alte Lagerhalle wurde hier als Konferenzzentrum mit Eventflächen zu neuem Leben erweckt.

Exemplarisch für einen ökologisch wertvollen und zukunftsweisenden Stadtpark ist der Tanner Springs Park (NW 10th Ave./Marshall St.). Diese grüne Ruheoase, in der die ursprüngliche Flora und Fauna in die Stadt zurückgeholt wurde, liegt eineinhalb Meter unter dem Straßenniveau und wirkt daher trotz des Trubels ringsum ruhig und idyllisch. Der Park erhielt seinen Namen von einer hier befindlichen Quelle und Wasser ist auch das Thema des Parks. Nach Plänen des süddeutschen Designers Herbert Dreiseitl entstand ein Feuchtgebiet mit quellgespeistem Teich und gewundenen Pfaden sowie Holzplankenwegen über das Wasser und Stufenkonstruktionen. Eine ungewöhnliche „Art Wall" aus 358 Eisenbahnschienen grenzt an der Ostseite den Park von der Straße (und der Straßenbahnstation „NW

10th/Northrup") ab, weitere öffentliche Kunstwerke finden sich über das Areal verteilt.

Der Pearl District ist zwar recht weitläufig, doch gut mit der Portland Streetcar erschlossen. Am meisten los ist um die Brewery Blocks (s. S. 78) und entlang und um die NW 13th Ave. [A1–3]. An ihrer Stelle befand sich bis 1999 die Blitz-Wein-

Blitz-Weinhard Brewery – deutsches Bier in Portland

Die Blitz-Weinhard Brewery gilt als älteste Brauerei im Westen der USA. 1856 gegründet und ab 1864 an der Burnside Street beheimatet, gelangte sie nach mehreren Besitzerwechseln 1999 in Besitz des Giganten Miller-Coors und dieser verlagerte die Brauerei ins benachbarte Washington. Dort wurde bis 2003 gebraut, heute erinnert nur noch das Label von Henry Weinhard's auf MillerCoors-Produkten an die alte Institution.

Der Gründer Henry Weinhard (1830-1904) stammte aus Württemberg und hatte das Bierbrauen in Stuttgart gelernt. Über New York, Philadelphia, Cincinnati, St. Louis und Kalifornien gelangte er 1856 nach Portland und eröffnete seine eigene Brauerei. Berühmtheit erlangte Henry mit seinem (vom Stadtrat abgelehnten) Vorschlag, zur Eröffnung des Skidmore Fountain ❶ Bier fließen zu lassen. Die Brauerei überlebte die Prohibition, indem sie alkoholarmes Bier, Limonaden und Rootbeer braute. Als 1928 Arnold Blitz von Portland Brewing ins Geschäft einstieg, fügte er dem Label seinen Namen hinzu.

hard **Brewery** (s. S. 27). In die alten, jetzt denkmalsgeschützten Gebäude vom Anfang des 20. Jh. zogen nach erfolgter Modernisierung Läden (u. a. der Biomarkt „Whole Foods"), Lokale, das Center Stage Theater, Büros und Wohnungen ein.

Eine enge Verbindung zum Bier besteht noch immer. In einem der alten Bauten befindet sich die Henry's 12th Street Tavern und in der Umgebung laden **Kleinbrauereien**, z. B. Bridge-Port Brewing, 10 Barrel Brewing, Von Ebert Brewing (s. S. 71), Back Pearl Brewing, Rogue Pearl Public House oder Deschutes Brewery Portland Public House ein.

❯ **Infos:** http://explorethepearl.com, Anfahrt: Streetcar NS Line bzw. A/B Loop, mehrere Haltestellen entlang NW 10th oder 11th Ave.

⌂ *„Booklovers' Paradise": Powell's gilt als der größte Buchladen der Welt*

⓭ Powell's City of Books ★★★   **[A3]**

Powell's City of Books ist kein gewöhnlicher Buchladen, es ist ein „Bücherkaufhaus" oder sogar eine „Bücherstadt" und dazu eine Topattraktion. Diesen ganz speziellen Buchladen muss man gesehen haben – und wer gerne liest, muss aufpassen, hier nicht das Zeitgefühl zu verlieren …

Die Erfolgsstory von Powell's City of Books, angeblich der größte Buchladen der Welt, begann damit, dass **Michael Powell** vom Studium die Nase voll hatte und 1970 in Chicago kurzerhand – u. a. finanziell unterstützt von dem Schriftsteller Saul Bellow – einen Buchladen eröffnete. Der Laden lief gut und sogar Michaels pensionierter Vater **Walter** half einen Sommer lang mit. Zurück in seiner Heimatstadt Portland beschloss Walter dem Beispiel des Sohnes zu folgen und eröffnete 1971 einen Gebrauchtbuchladen. Dieser platzte im Nu aus allen Nähten und 1980 zog man in ein leeres Autogeschäft an der NW Burnside St. um, wo sich das Geschäft noch heute befindet.

1979 war auch Michael nach Portland zurückgekehrt und zusammen realisierten Vater und Sohn ein bis heute **ungewöhnliches Konzept:** gebrauchte und neue Bücher des gleichen Titels stehen als Hardcover und Paperback, in unterschiedlichem Erhaltungszustand und zu verschiedenen Preisen nebeneinander im Regal. Die „Bücherwelt" ist nach Genres sortiert und erstreckt sich über 6300 m², fünf Stockwerke und einen ganzen Straßenblock. Neun farblich voneinander abgesetzte Räume und ca. 3500 Sektionen gibt es und man braucht den kostenlos an den Zugängen ausliegenden Plan, um sich zurechtzufinden.

Heute steht mit **Emily Powell** die **dritte Familiengeneration** an der Spitze des Erfolgsunternehmens. Im Hauptgeschäft und in den vier Filialen im Großraum Portland – eine davon im Flughafen – sind mehr als 500 Menschen beschäftigt und das Inventar beträgt über zwei Millionen Bücher. Das Jahr über finden mehr als 500 Events (Lesungen, Workshops, Vorträge u. a.) statt und der Laden ist täglich geöffnet. Neben Büchern werden Powell's-Souvenirs und Schreibwaren, Karten und Magazine, Tassen und Taschen, Lesebrillen und Leseleuchten, Socken und Lesegeräte angeboten und es gibt ein Café zum Erholen vom „Bücherstress".

❯ 1005 W Burnside St., tgl. 9–23 Uhr, www.powells.com, **Anfahrt:** Streetcar NS Line/A Loop „NW 10th & Couch". Filialen: Powell's Books on Hawthorne (3723 SE Hawthorne Blvd.), Powell's Books for Home and Garden (3747 SE Hawthorne Blvd.), Powell's Books at PDX (Airport), Powell's Books at Cedar Hills Crossing (3415 SW Cedar Hills Blvd., Beaverton).

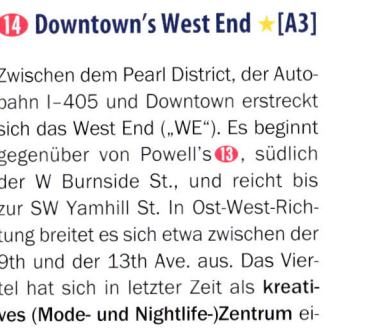

⑭ **Downtown's West End** ★[A3]

Zwischen dem Pearl District, der Autobahn I-405 und Downtown erstreckt sich das West End („WE"). Es beginnt gegenüber von Powell's ⑬, südlich der W Burnside St., und reicht bis zur SW Yamhill St. In Ost-West-Richtung breitet es sich etwa zwischen der 9th und der 13th Ave. aus. Das Viertel hat sich in letzter Zeit als **kreatives (Mode- und Nightlife-)Zentrum** einen Namen gemacht. Boutiquen und Designershops, Cafés und Lokale sowie historische Hotels wie das **Crystal Hotel** (s. S. 122) sind hier zu finden. Heute betreibt McMenamins dieses 1911 als „Alma Hotel" eröffnete Gebäude, das 1978 das erste schwule Badehaus und die erste Schwulenbar Portlands beheimatete. 2011 komplett renoviert, zieht es als Crystal Hotel heute die hippe Szene an. In dem historischen Flatiron-Building befinden sich mehrere Bars und anschließend daran der **Crystal Ballroom**, 1914 als Ringler's Cotillion Hall eröffnet. Legendäre Konzerte, besonders der alternativen Szene, aber auch Dichterlesungen der Beat Generation fanden hier statt, die Band „Grateful Dead" trat auf und angeblich feuerte Little Richard auf der Bühne seinen „unfähigen" Gitarristen – Jimmy Hendrix!

Ein weiterer sehenswerter historischer Bau im West End ist das **Telegram Building** (1101–1117 SW Washington St.) von 1922, in dem die gleichnamige Zeitung zuhause war. Heute befinden sich hier Büros.

Durch die I-405, die vertieft um Downtown und den Pearl District herumführt, wird im Westen das Viertel **Goose Hollow** abgetrennt. Benannt wurde es nach den Gänsen, deren Besitzer sie einst frei am Tanner Creek herumlaufen ließen. Der Bach hatte eine breite Mulde gebildet („hollow"), die beim Bau der I–405 aufgeschüttet wurde. Heute ist es ein Wohnviertel, in dem lokale Berühmtheiten und Politiker wohnen, aber es ist auch die Heimat des beliebten Fußballvereins Orlando Timbers. Im **Providence Park**, dem meist ausverkauften Fußballstadion (s. S. 99), trifft sich Portlands fanatische Fußballszene.

❯ **Infos:** http://wepdx.com, Anfahrt: Streetcar NS Line/A Loop „NW 10th & Alder" bzw. NS Line/B Loop „NW 11th & Alder" sowie MAX Blue/Red „Galleria/SW 10th" (stadtauswärts) bzw. „Library/SW 9th" (stadteinwärts). Anfahrt Goose Hollow: MAX Red/Blue „Providence Park".

EXTRATIPP

Central Eastside

Der Name **Central Eastside Industrial District** (CEID) bezeichnet das ehemalige Industrieviertel am Ostufer des Willamette River, quasi gegenüber von Downtown. Diese große, uneinheitliche Region, die etwa von der Burnside Bridge [D3] südwärts bis zum OMSI ❶⑦ reicht, befindet sich im Auf- und Umbruch und steht symbolisch für die Parole der Stadt: „Keep Portland Weird".

Hier mischen sich Industrie, Autowerkstätten und Lagerhallen mit neuen modernen Apartmentblöcken wie Burnside Bridgehead. Lose verteilen sich kreative Studios, ausgefallene Pop-ups und Läden, Brewpubs (Brewvana-Tour, s. S. 118) und Lokale, kreative Lebensmittelproduzenten (The Big Foody PDX, s. S. 119), Hotels (Jupiter, s. S. 121) und Klubs wie der White Owl Social Club (s. S. 74) oder die Revolution Hall (s. S. 75). Auch die Mural-Szene (Wandbilder) steht hier in voller Blüte.

⑮ Nob Hill ★ [bm]

Nob Hill ist der bekannteste Teil des **Northwest District**, der sich westlich der I–405 bis zu den Hügeln und nördlich der Burnside St. bis zum Willamette River ausbreitet. Die Wurzeln reichen ins 19. Jh. zurück, als Captain John Heard Couch die Straßen einfach nach dem Alphabet benannt haben soll – deshalb spricht man auch vom **Alphabet District.** Er steht heute zum größten Teil unter Denkmalschutz, wobei die Straßen 1891 ihre heutigen Namen erhielten. Matt Groening, der aus Portland stammende Schöpfer der **TV-Comic-Serie „The Simpsons"**, benutzte einige der neuen Straßennamen für Charaktere seiner Serie, z. B. Ned Flanders, Bürgermeister Quimby oder Reverend Lovejoy.

Nob Hill gilt wie sein gleichnamiges Vorbild in San Francisco als eher **feines Viertel.** Mit San Francisco vergleichbar sind auch die hübschen viktorianischen Häuschen vom Ende des 19. Jh., in die trendige Shops, Boutiquen und ausgefallene Läden eingezogen sind. Einige Toplokale sind ebenfalls hier zu finden, z. B. 23Hoyt (s. S. 59) oder Papa Haydn (s. S. 60).

Nob Hills „Hauptarterien" sind die NW 23st Ave. und Teile der parallel verlaufenden NW 21st Ave. – „Trendy-third" und „Trendy-first" genannt –, die vor allem zwischen Burnside und Lovejoy Street attraktiv sind. Ähnlich wie Pearl District und das West End eignet sich auch Nob Hill gut für einen entspannten Shoppingbummel, zumal das Viertel bequem per Straßenbahn erreichbar ist.

❯ **Infos:** http://nwpdxnobhill.com, Anfahrt: Streetcar NS Line, mehrere Haltestellen entlang NW Lovejoy St. oder NW Northrup St.

⑯ Hawthorne District ★★ [go]

Der Hawthorne District erstreckt sich von der Central Eastside entlang dem **Hawthorne Boulevard** ostwärts. Es handelt sich um ein eher beschauliches Wohnviertel mit kleinen Läden und Lokalen, Cafés und Bars sowie einigen Food Cart Pods (s. S. 64). Die parallel verlaufende **Belmont Street** (sechs Blocks nördlich), die **Division** sowie die **Clinton Street** (10 bzw. 11 Blocks südlich) gleichen im Prinzip dem Hawthorne Blvd., sind jedoch weitläufiger und daher weniger gut zum Bummel geeignet.

Nahe dem César Chávez Blvd. (= SE 39th Ave.) ragt als Orientierungspunkt das legendäre **Bagdad Theater** (s. S. 76) von 1927 schon wegen seiner Architektur im maurischen Stil heraus. Dieses Relikt aus Hollywoods Goldenen Zeiten mit prächtiger Innenausstattung wurde 1991 von den McMenamin-Brüdern, einer der ersten Brauer-Dynastien Portlands, gekauft und als Kino wiedereröffnet. 2013 wurden Sound-System und Leinwand modernisiert und jetzt stehen Erstaufführungen auf dem Programm, es gibt Schaukelstühle für die Gäste und es werden Bier und Snacks direkt an die Sitze serviert. Zugehörig sind die **Backstage Bar** – hinter der Leinwand – und **Greater Trumps**, eine Cigar Bar. Im Hauptrestaurant mit Freiplätzen, dem **Bagdad Theater Pub** (s. S. 60), isst man gut und preiswert, z. B. Pizza, Burger oder Sandwiches.

Noch älter als das Bagdad Theater, allerdings schlichter gestaltet, ist das **CineMagic Theater** (s. S. 76), das 1914 als „The Palm" eröffnete und heute ebenfalls als Kino fungiert.

Wofür „Hawthorne" jedoch vor allem bekannt ist, sind seine **Indie-Bou-**

⌂ *Seit 1927 ein unübersehbarer Treff: das Bagdad Theater (s. S. 76)*

tiquen und **ungewöhnlichen Shops**, die Objekte wie Handtaschen, Papierartikel, Accessoires, Schmuck, Kleidung, Lederwaren oder Schuhe individuell und in kleinen Mengen vor Ort herstellen. Vor allem stehen Vintage und Retro hier hoch im Kurs und Kaufhäuser wie das House of Vintage (s. S. 81) lohnen einen Stopp.

> Infos: www.travelportland.com/collection/hawthorne

> Anfahrt: **Central Eastside:** Streetcar A/B Loop, mehrere Haltestellen entlang MLKing Blvd. oder Grand Ave., Bus 10/14/15. **Hawthorne:** Bus 14, mehrere Haltestellen am Hawthorne Blvd., z. B. am César Chávez Blvd.

EXTRATIPP

Straßenfest im Hawthorne District

Die **Hawthorne Street Fair** am letzten Sonntag im August ist eines der größten Straßenfeste in PDX. Es gibt mehrere Konzertbühnen (Hauptbühne an der 38th Ave.) und „Biergärten", über 100 lokale Verkaufsstände zwischen 31st und 38th Ave. und ein Kinder-Programm mit einem Seifenkistenrennen.

⑰ OMSI (Oregon Museum of Science and Industry) ★ [dp]

Das Oregon Museum of Science & Industry (OMSI) gilt als **fünftgrößtes Wissenschaftsmuseum der USA** und verfügt über ein Kino, wo auf einem Riesenbildschirm IMAX- und andere Filme gezeigt werden, über ein Planetarium (Laser- und Astronomieshows) und fünf große Ausstellungshallen.

Der **auffällige Flachbau mit Glasturm** im Zentrum befindet sich am Ostufer des Willamette River in der Central Eastside zwischen der Marquam Bridge, über die die Autobahn I–5 führt, und **Tilikum Crossing**, der „Bridge of the People". Diese auch architektonisch sehenswerte Brücke ist Fußgängern, Radfahrern, S- und Straßenbahn vorbehalten.

Interessant ist das OMSI in erster Linie für Familien, steht hier doch die **interaktive und spielerische Vermittlung von Naturwissenschaft** im Vordergrund. Das Museum besteht aus zwei Komplexen, der Life Hall, in der auch Sonderausstellungen stattfinden, und der Turbine Hall, in der Spiel und Spaß im Vordergrund stehen. Themen, die behandelt werden, sind z. B. Energieeinsparung („Clever Together"), erneuerbare Energien, „First Foods" (die Ernährung indigener Völker), die Weltmeere, die Arktis und Permafrost, Astronomie oder die Entstehung von Leben am Beispiel der Entwicklung eines Fötus. Auch Roboter und andere technische Errungenschaften können studiert und ausprobiert werden.

Besonders für Erwachsene interessant sind die Touren durch die „USS Blueback", ein am Flussufer vertäutes U-Boot der US-Navy von 1959.

› 1945 SE Water Ave., www.omsi.edu, tgl. 9.30–17.30 Uhr, im Sommer bis 19 Uhr, in der Nebensaison Mo. geschlossen, $ 14,50. Filme im Kino, Planetarium mit Lasershows, U-Boot und Sonderausstellungen kosten extra. Café und Lokal zugehörig. Anfahrt: Streetcar A/B Loop „OMSI", MAX Orange „OMSI/SE Water".

⑱ Oregon Rail Heritage Center ★ [ep]

Die Oregon Rail Heritage Foundation (ORHF) eröffnete 2010 das Oregon Rail Heritage Center in einem ehemaligen Lokschuppen. Für **Eisenbahnfans** wird eine Menge geboten: Ausstellungen mit Fotos und Eisenbahnrelikten, Wagen und Lokomotiven sowie an Samstagen Fahrten mit der **Oregon Pacific Railroad** (OPR) zum Oaks Bottom Wildlife Refuge, einem Naturschutzgebiet im Südosten der Stadt. Eine interessante historische Karte von Oregon erläutert die Eisenbahngeschichte ab 1862, doch die eigentliche Hauptattraktion sind **drei Lokomotiven**, die viele Jahre lang im Oaks Amusement Park vor sich hin rosteten, bis die ORHF in den 1970er-Jahren die Restaurierung einleitete. Es handelt sich um eine Southern Pacific 4449 (1941), die Spokane, Portland & Seattle 700 (1938) und die Oregon Railway & Navigation 197 (1905). Die SP 4449 und die SP&S 700 gehören zur kleinen Gruppe von weltweit nur sechs erhaltenen Exemplaren dieser größten Dampflokart.

› 2250 SE Water Ave., www.orhf.org/oregon-rail-heritage-center, Do./Fr. 13–17, Sa./So. 12–17 Uhr, Eintritt frei (Spende erbeten). 45-Min.-Fahrten mit OPR-Passagierzug vom ORHC zum Oaks Bottom Wildlife Refuge entlang dem Willamette River und zurück, Sa. 12.30–16.30 Uhr stündlich, $ 10, www.oregonpacificrr.com

› **Anfahrt:** Streetcar A/B Loop „OMSI", MAX Orange „OMSI/SE Water"

„Rip City" – Portland Trail Blazers

„Rip City! All Right!" - der unvergessene Radio-Sportreporter Bill Schonely bejubelte so im Januar 1971 bei einem Spiel der Portland Trail Blazers gegen die Los Angeles Lakers einen Korberfolg der Blazers. Wie er darauf kam, konnte Bill nie erklären. Es war ein Fantasiebegriff, doch „Rip City" wurde schnell zum Spitznamen für die Trail Blazers und bald für die ganze Stadt. Letzteres vermutlich auch, weil der Rest der USA lange Zeit Portland nur aufgrund der Basketballer wahrnahm.

Es war ein 2,11 m großer Hippie, der 1977 dafür sorgte, dass sich das Augenmerk der ganzen USA auf die Trail Blazers und „Rip City" richtete: Bill Walton, geboren 1952 im sonnigen Kalifornien, führte damals die 1970 in die Basketballprofiliga NBA (National Basketball Association) aufgenommene Mannschaft aus Portland zu ihrer bis dato einzigen Meisterschaft. Zwischen 1974 und 1978 prägte der langhaarige Walton die Vorstellung von der Hippie-Stadt im Nordwesten und machte mit seinem körperbetonten Spiel die Trail Blazers zu einem der besten Teams der NBA.

Der Titelgewinn von 1977 ist bis heute in Portland unvergessen und die damaligen Spieler - Walton, David Twardzik, Larry Steele, Bob Gross, Lionel Hollins, der inzwischen verstorbene Maurice Lucas oder Lloyd Neal - und der Trainer Jack Ramsey werden noch heute verehrt. An Beliebtheit mithalten kann da nur Clyde Drexler, der zwischen 1983 und 1995 das Trikot der Blazers trug und das Team zusammen mit Terry Porter und Arvydas Sabonis zu zwei Vizemeisterschaften (1990, 1992) führte.

Inzwischen müht sich das 1988 vom Microsoft-Mitbegründer Paul Allen erworbene Team redlich, doch weitere größere Erfolge blieben bislang aus. Immerhin hat man derzeit mit Damion Lilliard einen der besten und spektakulärsten Basketballer der NBA im Kader - und hofft auf bessere Zeiten …

Ungeachtet aller Misserfolge haben die Portlander ihre Blazers ins Herz geschlossen und füllen bei jedem Heimspiel das Moda Center (s. S. 75) bis auf den letzten der fast 19.400 Plätze. Die Basketballer waren es, die der Stadt nicht nur einen geheimnisvollen Beinamen, sondern auch landesweit Respekt verschafft haben.

❯ **Portland Trail Blazers,** Tickets und Infos: www.nba.com/blazers

018po-mb

⑲ Lloyd District und Rose Quarter ★ [F1]

Portlands Lloyd District, am Ost-ufer des Willamette River gegenüber Downtown bzw. Old Town gelegen, ist in erster Linie für Sportevents, Konferenzen und Messen bekannt. Abgesehen vom **Oregon Convention Center** (777 NE Martin L. King Jr. Blvd.), das durch seine Größe und die moderne Architektur mit den beiden weithin sichtbaren Glastürmen auffällt, gilt das 1996 eröffnete **Moda Center** (s. S. 75) mit 20.000 Plätzen als modernes Wahrzeichen der Stadt. Die Veranstaltungshalle ist die Heimat des Profibasketballteams Portland Trail Blazers. Im historischen **Veterans Memorial Coliseum** nebenan bieten die Portland Winterhawks (s. S. 117), Mitglied der Western Hockey League, Junioren-Eishockey auf höchstem Niveau. Beide Hallen werden unter dem Sammelbegriff „Rose Quarter" geführt und sind Teil des Lloyd District.

Ein paar Blocks weiter östlich lädt das moderne Einkaufszentrum **Lloyd Center** (s. S. 78) mit über 140 Läden, Kino, Foodcourt und einer Eisbahn zum Bummeln und Shoppen ein. Auf Letzterer lernte übrigens die Eiskunstläuferin Tonya Harding, die durch das Attentat auf ihre Konkurrentin Nancy Kerrigan unrühmlich bekannt wurde, Eislaufen.

Ein Stück weiter im Norden bietet das **Portland Institute for Contemporary Art** (s. S. 54) ein kulturelles Kontrastprogramm: Zeitgenössische Kunst und neueste Entwicklungen stehen im Zentrum von Ausstellungen und Programmen. Das seit 2003 im September abgehaltene „**Time-Based Art Festival**" hat sich zum Treff der kreativen Szene mit vielseitigem Programm entwickelt. Gegründet wurde die Organisation von Kristy Edmunds 1995 in einem leerstehenden Lagerhaus. Dank einer großzügigen Spende konnte man 2017 in die jetzigen Räumlichkeiten umziehen.

❯ **Anfahrt:** Streetcar A/B Loop, mehrere Haltestellen entlang Broadway, Grand Ave. oder NE 7th; MAX Green/Blue/Red „Rose Quarter" oder „Lloyd Center"

⑳ Mississippi District und Williams District ★ [A2]

Der Kern des **Mississippi District** umfasst grob die fünf Blocks zwischen N Fremont und N Skidmore St. entlang der Mississippi Ave. – offiziell spricht man dabei auch vom Historic Mississippi Avenue Business District (HMBA). Die Gegend gilt als „Hipster-Viertel" der Stadt, bewohnt von einem kreativen Völkchen. Da man es leicht mit MAX Light Rail (und Bus) erreichen kann, ist das Areal gut für einen Bummel geeignet.

Einige angesagte Kleinbrauereien bieten am Ende des Tages die Möglichkeit, einen kühlen Trunk und/oder Imbiss zu sich zu nehmen, z. B. **StormBreaker Brewing** (s. S. 70) mit großem Innenhof, **Ecliptic Brewing** (s. S. 69) oder **Prost!** (s. S. 62) mit Biergarten, deutschen Bieren und ebenso inspirierter Speisekarte.

Wenige Blocks ostwärts der Mississippi Avenue entwickelt sich gegenwärtig der **Williams District** um die parallel verlaufenden N Vancouver

▷ *Gut für einen Bummel: der angesagte Alberta Arts District im Nordosten der Stadt* und N Williams Ave. zu einem neuen Hotspot. Auch hier spielen einige Kleinbrauereien eine Rolle, z.B. die **Lompoc Brewing – 5Q/Fifth Quadrant** (s. S. 70) mit der Sidebar und die benachbarte **Hopworks BikeBar** (s. S. 70), alle Treffs der jungen, konstant wachsenden Bevölkerung des Viertels.

Schlendert man die Williams Avenue entlang – v. a. lohnend ist der Abschnitt zwischen N Skidmore und N Fremont St. – fallen neben neuen Läden und Lokalen auch viele Neubauten auf, die darauf hindeuten, wie angesagt das Viertel als Wohnadresse ist.

› **Infos:** http://mississippiave.com
› **Anfahrt Mississippi:** MAX Yellow „N Prescott"; Bus 4, mehrere Haltestellen entlang N Mississippi Avenue, und Bus 4/44
› **Anfahrt Williams:** Bus 4/44, mehrere Haltestellen entlang NW Vancouver (stadteinwärts) oder NW Williams St. (stadtauswärts)

㉑ Alberta Arts District ★★★ [fk]

Der Alberta Arts District ist zurzeit sehr angesagt, auch wenn die Alberta St. im Nordosten der Stadt oberflächlich gesehen zunächst nicht besonders auffällt.

Der Kern des Viertels befindet sich an der NE Alberta St. zwischen Martin Luther King Jr. Boulevard und NE 33rd Ave. Unzählige **Wandmalereien**, **Künstlerstudios** und **Galerien** sowie Straßenkünstler haben dem Viertel zum Beinamen „Arts District" verholfen. Die Kreativität und das Ausgeflippte setzen sich auch in Läden, Boutiquen und Lokalen, Bars und Cafés fort, wohingegen man nach Sehenswürdigkeiten und Museen ver-

EXTRATIPP

Do it yourself

Im Mississippi District stellt das ReBuilding Center ein Kuriosum dar. In diesem von einer ehrenamtlichen Initiative betriebenen „Secondhand-Baumarkt und -Einrichtungshaus" kann man gebrauchte Materialien von Fenstern und Türen, Scharnieren, Nägeln und Werkzeug über Möbel, Lampen und Badewannen bis hin zu Dachbalken und Wohnaccessoires kaufen. Alle Teile wurden zuvor von freiwilligen Helfern beim Abriss alter Bauten recycelt bzw. von Kunden gespendet.

🏠**7** [dI] **ReBuilding Center**, 3625 N Mississippi Ave., www.rebuildingcenter.org

019po-mb

geblich sucht. Nicht nur Hipster sind hier zu Hause, auch Hippies, Yuppies und echte Bohemians sowie Teile der *counterculture* (Gegenkultur) fühlen sich hier wohl.

Besonders an jedem letzten Donnerstag im Monat, dem **Last Thursday** (http://lastthurspdx.org), blüht das Viertel bei einer Art buntem Straßenfest auf. Getoppt wird dieses Ereignis im August noch vom **Alberta Street Fair** (http://albertamainst. org/whats-happening/street-fair) mit Livemusik auf mehreren Bühnen und Verkaufsständen. Etwas los ist auch im **Alberta Rose Theatre** (s. S. 76): regelmäßig finden Konzerte, aber auch Comedy-Vorstellungen, Filme u. a. Events statt. Eine interessante Institution ist das **Community Cycling Center** (s. S. 116), ein gemeinnütziger Fahrradladen mit Werkstatt, der sich dafür einsetzt, dass jeder Portlander einkommensunabhängig das Recht auf ein Fahrrad hat.

❯ **Infos:** http://albertamainst.org, **Anfahrt:** Bus 6 „NE MLKing & Alberta" oder Bus 8 „NE 15th & Alberta"

Washington Park

Der Washington Park im Südwesten der Stadt bedeckt über 160 ha Fläche und geht auf einen Landkauf im Jahr 1871 zurück. In den 1880er-Jahren hatte der erste Parkchef, Charles M. Meyers, begonnen, die Wildnis des damals noch „City Park" genannten Areals in eine ansehnliche Grünanlage umzuwandeln. Als ehemaliger Seemann hatte er Parks in aller Welt gesehen und wollte die besten Ideen hier umsetzen. Dazu holte er 1903 von John Charles Olmsted (1852–1920), dem Adoptivsohn des berühmten Frederik Law Olmsted (1822–1903), der das wohl einflussreichste Landschaftsarchitekturbüro der USA betrieb und auch für den New Yorker Central Park zuständig war, Vorschläge für die Parkgestaltung ein.

Auf dem Gelände kann man einen ganzen Tag verbringen, so viel wird einem hier geboten, z. B. das **Hoyt Arboretum** ㉖, in dem sich mehr als 700 Baum- und Pflanzenarten aus aller Welt befinden, der 1888 gegründete **International Rose Test Garden** ㉒, der seit 1940 offizieller Testgarten der All-America Rose Selection (AARS) ist, oder der **Japanese Garden** ㉓. Außerdem handelt es sich um ein Freizeit- und Erholungsidyll und man genießt von hier oben einen fantastischen Blick auf die Stadt mit Mount Hood und St. Helens im Hintergrund.

Auch der **Oregon Zoo** ㉔, der zu den modernsten und fortschrittlichsten der USA zählt, ist Teil des Parks. Ebenfalls ideal für Familien sind das nebenan gelegene **Portland Children's Museum** (s. S. 113) und das **World Forestry Center**, dessen **Discovery Museum** ㉕ sich dem Thema „Wald" verschrieben hat. Zudem gibt es im weitläufigen Park Trails, Sport- und Spielplätze, Wiesen und Picknickareale, einen Bogenschießstand und diverse Monumente und Kunstwerke.

> **Washington Park:** zwischen W Burnside St. und US 26, http://explore washingtonpark.org, tgl. 5–22 Uhr.

> **Zufahrten** am Hwy. 26 westwärts, an W Burnside St. und Canyon Rd. (hinter dem Tunnel der Ausschilderung „Zoo" folgen). Das Parken kann bei schönem Wetter und an Wochenenden wegen des Andrangs zum Problem werden.

> **ÖPNV:** MAX Blue/Red „Washington Park" bzw. Bus 63. Von der Bahnstation „Washington Park" verkehrt von Mai bis Sept. zwischen 9.30 und mind. 17.30 Uhr täglich bzw. im April und Okt. nur an Wochenenden ein kostenloser Shuttlebus durch den Park: http://explorewashingtonpark.org/getting-here.

> **Parkplan:** http://explorewashington park.org/sites/default/files/EWP_Map_ Annual2018_Map.pdf

㉒ International Rose Test Garden ★★★ [bo]

Die Lage des International Rose Test Garden in den Hügeln westlich von Downtown ist spektakulär und vor allem Rosenfreunde kommen hier voll auf ihre Kosten. Man kann aber auch einfach nur ausspannen und die Aussicht auf Stadt und Umland mit dem schneebedeckten Mt. Hood und – mit Glück – Mt. St. Helens genießen.

Zwar wurde das Land für den International Rose Test Garden erst

020po-tp

⌃ Der Rosengarten wird von Rosenfreunden geschätzt, vor allem aber auch zur Erholung genutzt

1917 erworben, doch seine Wurzeln reichen weiter zurück: Bereits 1888 hatte **Georgiana Burton Pittock,** Frau des Publizisten Henry Pittock, Rosen liebende Freunde und Nachbarn zu Ausstellungen aufgerufen. Daraus entstand ein Jahr später die **Portland Rose Society.** 1905 sorgte die 1890 in Frankreich gezüchtete Rose „Madame Caroline Testout" bei der großen Lewis & Clark Centennial Celebration für Aufsehen und säumte die Straßen Portlands. Sie trug dazu bei, dass die Stadt den Beinamen „City of Roses" erhielt und bereits 1907 das erste **Portland Rose Festival** stattfand.

1921 entwarf die Landschaftsarchitektin **Florence Holmes Gerke** dann die heutige Rosenanlage mit einem in den Hang eingebauten Amphitheater und 1924 konnte der Garten mit seinen 18.000 m² Fläche eingeweiht werden. Heute unterhält hier die **American Garden Rose Selections (AGRS)**

eine von insgesamt elf Testflächen für Rosen. Die Gesellschaft sichtet die besten Gartenrosen für unterschiedliche Regionen. Rosenzüchter und -händler aus aller Welt stiften um die 2500 Rosen pro Jahr – manchmal sogar vor der offiziellen Markteinführung –, um Rosensorten zu beobachten und bewerten zu lassen. 1996 wurde von der Portland Rose Society dazu der Wettbewerb „**Portland's Best Rose**" ins Leben gerufen und seither trifft sich alljährlich im Juni eine Jury, um die beste Rose zu prämieren.

Im Zentrum der Anlage steht von Anfang an der **Royal Rosarian Garden**. 1945 wurde **der Shakespeare Garden** mit dem Shakespeare Memorial vom Crystal Springs Lake in Southeast Portland hierher verlegt. 1967 kam eine Sektion für „**Gold Award Roses**" dazu, 1975 der **Miniature Rose Garden** und der **Frank Beach Memorial Fountain**, „Water Sculpture" genannt und vom lokalen Künstler Lee Kelly zu Ehren von Frank Edwin Beach geschaffen, der sich den Spitznamen „City of Roses" ausgedacht und das jährliche Rose Festival initiiert haben soll.

☐ *Der japanische Garten erstreckt sich über mehrere Terrassen*

Am nordöstlichen Ende des Rosengartens befinden sich das **Holocaust Memorial** und das **Lewis & Clark Monument.**

❯ 400 SW Kingston Ave., www. portlandoregon.gov/parks („Find a Park/International Rose Test Garden"), tgl. 7.30–21 Uhr, Eintritt frei, Anfahrt s. oben. Am Zugang befinden sich eine Information und ein Gartenshop, für Verpflegung sorgen Food Carts. Touren tgl. 13 Uhr (Memorial–Labor Day) ab Rose Garden Store (www.rosefestival.org/buy/rose-garden-store).

㉓ Portland Japanese Garden ★★★ [ao]

Japanische Gärten gibt es heute in vielen Städten. Allerdings ist Portlands Japanese Garden ungewöhnlich, schon wegen der terrassierten Lage, eingebettet in die Hügel westlich der Innenstadt, aber auch wegen der ungewöhnlichen Gestaltung und Architektur.

Überquert man im Westen des Rose Test Garden ㉒ die SW Kingston Ave., gelangt man zum Eingang des Japanese Garden. Dieser gilt weltweit als einer der authentischsten japanischen Gärten und ist das Ergebnis einer Städtepartnerschaft: 1958 wurde Portland **Schwester-**

021po-mb

stadt von **Sapporo** in Japan und das war der Startschuss für den Japanischen Garten. Auf 36.800 m² Fläche, die bis 1959 der Zoo eingenommen hatte, plante Professor Takuma Tono von der Tokyoter University of Agriculture die Anlage. Die **Eröffnung erfolgte 1967**, 2017 wurde der Garten um drei weitere Teile und das Cultural Village erweitert.

Die Anlage, die in einen steilen Berghang hineingebaut ist, besteht aus mehreren Teilen, u. a. dem **Strolling Pond Garden** auf zwei Ebenen mit einer mehr als 100 Jahre alten Pagoda-Laterne aus Sapporo, ornamentalen Felsen und Wasserläufen, Teichen und einem Wasserfall sowie zwei romantischen Brücken. Außer Wasser stehen im **Natural Garden** Bäume und Sträucher, Farne und Moose im Fokus. Er steht im Kontrast zum **Sand and Stone Garden**, einem japanischen „Kare-san-sui" oder Steingarten. Der **Flat Garden** ist die städtische Adaption eines japanischen Gartens mit Azaleen und Grasflächen, der **Tea Garden** mit Teehaus dient Teezeremonien.

2017 kamen **Entry Garden** und die **Pavilion Gallery**, die für Festivals und andere Events genutzt wird, hinzu. Von der West-Veranda hat man einen guten Blick auf Downtown Portland und Mount Hood, der übrigens viele Japaner an den Mount Fuji erinnert. Die ebenfalls neue **Ellie M. Hill Bonsai Terrace** widmet sich den gleichnamigen Miniaturbäumchen. Der **Tsubo-Niwa** ist ein kleiner, moderner japanischer „Innenhof", der die maßgeblichen Elemente der Gartengestaltung – Steine, Wasser und Pflanzen – einbezieht und Teil **des Cultural Village** ist. Diese architektonisch sehenswerte Anlage vom Reißbrett des bekannten japanischen

Baumeisters Kengo Kuma umfasst das **Jordan Schnitzer Japanese Arts Learning Center** mit Galerie, Bibliothek und Veranstaltungsflächen, das **Garden House** (Laden) und das **Umami Café** (Restaurant).

❯ Washington Park, 611 SW Kingston Ave., Anfahrt s. oben, https://japanesegarden.org, 30.9.–11.3. Mo. 12–16, Di.–So. 10–16, 11.3.–30.9. Mo. 12–19, Di.–So. 10–17 Uhr, Schließung 30 Min. vorher, $ 16,95, mit Shop und Café.

㉔ Oregon Zoo ★★ [ao]

Bis 1998 hieß er noch „Washington Park Zoo" und schon sein Alter und seine Bepflanzung machen ihn besuchenswert. 1888 gegründet, handelt es sich beim Oregon Zoo um den ältesten Tierpark in den USA westlich des Mississippi. Heute erstreckt er sich auf 26 ha Land, beherbergt über 1800 Tiere aus über 230 Gattungen und man kann sich kaum mehr vorstellen, dass **alles mit zwei Bären begann:** einem Braunbär und einem Grizzly, die ein Privatmann namens Richard Knight gekauft hatte. Die Stadt hatte ihm zur Haltung zwei Käfige zur Verfügung gestellt, die er im damaligen City Park aufstellen durfte. 1888 vermachte er die Tiere der Stadt und legte damit den Grundstein für den Zoo. 1959 zog dieser an den heutigen Ort um und die Schmalspurbahn **Washington Park & Zoo Railway** kam dazu. Sie verkehrt heute nur noch auf dem Zooareal.

Oregons beliebteste Attraktion verzeichnet jährlich über 1,5 Mio. Besucher. Grundsätzlich besteht der Zoo aus **fünf großen Arealen,** die nach Kontinenten und Ökosystemen benannt sind: Asia, Fragile Forests, Pacific Shores, Africa und The Great

Northwest. Eine bekannte Bewohnerin war Rosy, eine asiatischen Elefantendame, die 1962 „Packy" zur Welt brachte und damit das wohl erfolgreichste Elefanten-Zuchtprogramm weltweit ins Leben rief. Packy war der erste in den USA geborene asiatische Elefant und dazu mit 3,2 m ein stattliches Tier, das 54-jährig im Februar 2017 starb.

Beliebte Abteilungen sind neben Elephant Lands der afrikanische Regenwald (Africa Rainforest), die afrikanische Savanne (Africa Savanna) und The Great Northwest. In dieser Sektion geht es um Flora und Fauna des pazifischen Nordwestens und auf dem Cascade Canyon Trail wandert man durch die heimische Natur. Neueste Zufügungen (Eröffnung 2020) sind die Polar Passage, der Primate Forest und das Black-Rhino-Areal.

❯ 4001 SW Canyon Rd., www.oregonzoo.org, Anfahrt: MAX Blue/Red „Washington Park", tgl. 9.30–16 bzw. 18 Uhr (26.5.–4.9.), $ 17,95, Parken $ 2/Std., max. $ 8.

㉕ World Forestry Center Discovery Museum ★ [ao]

In diesem ungewöhnlichen Museum geht es um die **Bedeutung von Wäldern und Bäumen** in unserem Leben, aber auch um **Holzwirtschaft, Umwelt und Ökologie**. Schon die Holzarchitektur des Museums, das 1971 entstand, ist auffallend. Im Erdgeschoss geht es – höchst eindrucksvoll präsentiert – um die Wälder des Pazifischen Nordwestens, um Redwoods und Sequoias, ihre Nutzung und Bedeutung. Im Obergeschoss stehen Wälder weltweit, Klima, Wildlife und der Umgang unterschiedlicher Völker mit der Natur bzw. dem Wald im Mittelpunkt. Außerdem finden regelmäßig **Wechselausstellungen** statt und jeweils am zweiten Samstag im Monat gibt es besondere Veranstaltungen.

Vor dem Museum liegt ein über 5 Mio. alter **versteinerter Baumstamm** und dort steht auch „Peggy", eine alte Dampflok von 1909, die einst Holzstämme transportierte.

❯ 4033 SW Canyon Rd., www.worldforestry.org, Anfahrt: MAX Blue/Red „Washington Park", tgl. 10–17 Uhr, im Winter Di./Mi. geschlossen, $ 7

㉖ Hoyt Arboretum ★ [ao]

Ein Großteil des Washington-Park-Areals ist noch heute Wildnis, eine Art Botanischer Garten für Bäume. Durch das Hoyt Arboretum, das 1928 ins Leben gerufen wurde, führen Trails von fast 20 km Gesamtlänge. Hier stehen **seltene Baumriesen**, die teils sehr alt sind, rund 6000 Bäume aus der ganzen Welt aus über 2000 Gattungen, teils gefährdet oder im Bestand bedroht. Im Hoyt Arboretum sollen sie für kommende Generationen erhalten bleiben.

❯ 4000 SW Fairview Blvd., www.hoyt arboretum.org, Anfahrt s. oben, Visitor Center: Mo.–Fr. 9–16, Sa./So. 11–15 Uhr, Gelände tgl. 5–21.30 Uhr, Eintritt frei, regelmäßig Touren, Vorträge und Workshops

㉗ Pittock Mansion ★★ [an]

Nördlich der Parkgrenze befindet sich die Pittock Mansion, eine für die Erbauungszeit (1909–1914) erstaunlich modern und luxuriös ausgestattete Villa. **Henry Pittock** (ca. 1834–1919) stammte aus London, wuchs in Pittsburgh auf und zog dann auf dem berühmten Oregon Trail in den Westen. In Portland, damals noch ein unbedeutendes Nest, fand er bei der bis heute existierenden Tageszeitung „The Oregonian" einen Job als Schriftsetzer. Er heiratete Georgiana Burton und stieg 1860 zum Herausgeber der Zeitung auf.

Anfang des 20. Jh. begann Pittock, seine „**Mansion on the Hill**" zu planen, die einen Ausblick auf Portland, den Willamette River und die Cascade Mountains bieten sollte. Das komfortable Haus mit 23 Zimmern entwarf der aus Oregon stammende Architekt Edward T. Foulkes im französischen Renaissance-Stil auf ovalem Grundriss und mit Seitenflügeln – wegen des Ausblicks! Von 1912 bis 1914 wurde gebaut, allerdings kam das Ehepaar selbst nur noch vier Jahre lang in den Genuss, hier zu leben. Das Haus blieb bis 1958 in Familienbesitz, dann stand es zum Verkauf, stand lange leer und verfiel. Eine Privatinitiative sorgte schließlich für die Renovierung und 1965 wurde die Mansion als **Historic House Museum** eröffnet.

Während der Haustouren lassen sich Library, Music Room, Turkish Smoking Room, Sewing Room, die Schlafzimmer und die Terrassen mit dem höchst fotogenen Ausblick bewundern. Sehenswert sind die schönen Holzschnitzarbeiten und moderne Errungenschaften wie Zentralheizung, indirekte Beleuchtung, Kühlraum oder Aufzug. Wann und wo immer möglich, hatte Pittock lokale Firmen und Materialien eingesetzt, z.B. Sandstein aus Washington oder Holz aus der Umgebung.

Die Gate Lodge, das Empfangshäuschen der Villa, wird heute als Ausstellungsraum genutzt. Das Land ringsum, auf dem sich ursprünglich eine große Garage, Gewächshäuser und Tennisplätze befanden, ist für sich allein sehenswert, auch dank der vielseitigen aus Hydrangeas, Rhododendren, Lilien, Magnolien und Rosen bestehenden Bepflanzung – Mrs. Pittock war schließlich die Begründerin der Portland Rose Society (s. S. 37).

❯ 3229 NW Pittock Dr., ab NW Burnside Rd., http://pittockmansion.org, Febr.– Dez. tgl. 10–16/17 Uhr, $ 11, Touren und Veranstaltungen, Gelände tgl. bis 21 Uhr frei zugänglich

❯ **Anfahrt:** Bus 20 (Richtung Beaverton TC) bis „W Burnside/NW Barnes", dann noch ca. 800 m (Ausschilderung folgen)

▽ *Die Pittocks wussten, wie man gut lebt!*

022po-mb

Greater Portland

28 The Grotto ★

Das 1924 eröffnete katholische Heiligtum **The National Sanctuary of our Sorrowful Mother**, The Grotto genannt, ist eine Mischung aus Pilgerort und Kloster, grünem Erholungsidyll und Botanischem Garten, Skulpturenpark und Meditationsgarten – auf zwei Ebenen, per Aufzug verbunden. Dazu gibt es ein Konferenz- und ein Besucherzentrum.

Aus Dankbarkeit für die Heilung seiner Mutter soll ein kanadischer Junge gelobt haben, sich dafür bei der Kirche erkenntlich zu zeigen. Aus dem Kind wurde der **Servitenpater Ambrose Mayer**, den es 1918 nach Portland verschlug. Auf einem brachliegenden Bahngelände der Union Pacific gelang es ihm, mittels Spenden ein Heiligtum zu errichten, das „Sanctuary of Our Sorrowful Mother". 1923 begannen die Bauarbeiten an Grotte und Steinaltar mit einer Statue von Maria, die Jesus' gekreuzigten Körper hält. Eine Kopie von Michelangelos „Pietà" kam später dazu.

Die Eröffnung erfolgte 1924 mit einem Gottesdienst im Beisein von 3000 Menschen, 1955 wurde die **Chapel of Mary** hinzugefügt und 1983 das Marien-Heiligtum zum „National Sanctuary" erklärt. Heute untersteht The Grotto noch immer dem katholischen Servitenorden, der hier auch ein Kloster unterhält.

Hauptsehenswürdigkeit ist **Our Lady's Grotto** – eine in den Fels geschlagene Höhle am Fuß einer gut 30 m hohen Felsklippe. Verteilt auf die schön angelegten Gartenteile sind ein Kreuzweg und religiöse Kunstwerke. Dazu bietet sich von verschiedenen Aussichtspunkten ein fotogener Ausblick über das Columbia River Valley, die Cascades und den Mt. St. Helens.

❯ 8840 NE Skidmore St., Eingang: NE 85th Ave./Sandy Blvd., www.thegrotto.org, tgl. 9 – mind. 17 Uhr (saisonal variabel), $ 6, Gottesdienste, Konzerte u. a. Veranstaltungen sowie in der Vorweihnachtszeit das beliebte „Festival of Lights"

❯ **Anfahrt:** Bus 12 „NE Sandy & Grotto" oder MAX Red „Parkrose/Sumner TC" (dann mit Bus 12 oder zu Fuß ca. 1 km entlang dem NE Sandy Blvd.)

29 Fort Vancouver NHS ★★

Der mächtige Columbia River, der die Stadt im Norden begrenzt, bildet zugleich die Grenze zwischen den beiden Bundesstaaten Oregon und Washington. Jenseits des Flusses erstreckt sich die Stadt Vancouver – um sie von der kanadischen Metropole zu unterscheiden, nennt man sie „**Vancouver USA**" – mit etwa 180.000 Einwohnern. Auch wenn nominell in Washington State gelegen, wird sie als Teil des Großraums Portland und zugleich als größter Vorort betrachtet. Der rege Berufsverkehr über die Brücken während der Stoßzeiten belegt dies. In Fort Vancouver fand die **erste weiße Besiedelung** der Region statt. Als 1806 die Lewis & Clark Expedition (s. S. 91) durchzog, vermerkte Meriwether Lewis in seinem Tagebuch die ideale Lage des Platzes am Zusammenfluss von Columbia und Willamette River für eine Siedlung. 1825 erst richtete die britische Hudson's Bay Company das Handelszentrum **Fort Vancouver** ein.

Bis 1848 teilten sich die USA und das britische Königreich den Zugang zum Nordwesten auf, damals stand der **Handel mit den Indianern** – v. a. Pelze waren begehrt – und Neusiedlern im Zentrum. Auf diesem Feld dominierte die britische Hudson's Bay Company, die von 1825 bis 1848 Fort Vancouver als „Zentrale" im Nordwesten betrieb. 1948 erfolgte dann die endgültige Grenzziehung zwischen Kanada und den USA und der Handelsposten wich einem US-Militärstützpunkt, der 1946 aufgegeben wurde.

Seit 1961 steht das Areal als **Fort Vancouver National Historic Site** unter Denkmalschutz. Das historische Fort wurde originalgetreu nachgebaut und vermittelt einen hervorragenden Eindruck von dem einstigen Handelsposten am Ufer des Columbia River. Im Zentrum der Anlage steht die **Chief Factor's Residence** – das Haus des Geschäftsführers –, andere Bauten wie das **Counting House** (Kontor) oder das **Fur Warehouse** (Pelzlagerhaus) wurden ebenfalls nachgebaut und eine **Holzpalisade** umgibt das Fort. Ein **Garten** vor dem Fort sorgte ursprünglich für gesunde Ernährung. Er wurde liebevoll rekonstruiert.

Neben dem Geschäftsführer lebten weitere Angestellte der Hudson's Company hier, ebenso Regierungsvertreter, Handwerker, Forschungsreisende, Trapper und Indianer. Im Umfeld war schnell eine kleine Siedlung entstanden und das Fort war mehr als ein gewöhnlicher Handelsposten, fungierte als Treff und multikultureller Ort.

Father of Oregon

*Obwohl **John McLoughlin** (1784–1857) in der kanadischen Provinz das Licht der Welt erblickt und lange Jahre für die britische Hudson's Bay Company (HBC) arbeitete, gilt er im US-Bundesstaat Oregon noch heute als der „Father of Oregon". 1824 war er von der HBC zum Superintendenten des Columbia Departments ernannt worden. Dieses umfasste fast den gesamten Nordwesten. Seine Aufgaben waren, den friedlichen Umgang mit den Indianern zu pflegen, den Handel zu fördern und somit den Einfluss der US-Amerikaner möglichst gering zu halten. McLoughlin ließ Fort Vancouver als neues Zentrum errichten und war als Handelsvertreter und Politiker sowie als Diplomat sehr erfolgreich. Der Nordwesten prosperierte und die Atmosphäre war weitgehend friedlich.*

Den britischen Behörden und der HBC war McLoughlin dennoch ein Dorn im Auge, denn er nahm die ab 1836 immer zahlreicher ankommenden Siedler aus den USA mit offenen Armen auf und half ihnen, sich im Nordwesten zu etablieren. Als 1846 Teile des Nordwestens - die heutigen Bundesstaaten Washington, Oregon und Idaho - an die USA gingen, zog sich McLoughlin nach Oregon City zurück und wurde US-Bürger, 1851 sogar Bürgermeister.

Er war eine eindrucksvolle Persönlichkeit, über 1,90 m groß, mit langer, weißer Haarmähne, von allen respektiert und geschätzt. Wie viele HBC-Leute war er mit einer Indianerin verheiratet: Marguerite war Metis (ethnische Gruppe, Nachfahren von Indianern und Franzosen), halb Cree, halb Französin. McLoughlins Hilfsbereitschaft gegenüber den Zuzüglern brachte ihm den Beinamen „Vater von Oregon" und eine von Oregon gestiftete Statue in der National Statuary Hall im US Senat in der Hauptstadt Washington D.C. ein.

023po-mb

Hier wurde mit den hier ansässigen Indianervölkern verhandelt, hier baten Siedler um Unterstützung und hier fanden Forscher wie der Botaniker David Douglas Unterschlupf und Hilfe.

Teil der National Historic Site ist das **McLoughlin House** in Oregon City (s. S. 45). Dort wohnte der einstige Geschäftsführer John McLoughlin (s. S. 43), nachdem 1846 das Gebiet an die USA gegangen war.

> 1501 E Evergreen Blvd. (Visitor Center) bzw. 1001 E 5th St. (Fort Site), Zufahrt über E Reserve St., Vancouver/WA, www.nps.gov/fova/index.htm, Di.–Sa. 9–17 Uhr, $ 7

> Anfahrt: mit dem ÖPNV sehr zeitaufwendig (mind. 45 Min.), bei mehrmaligem Umsteigen, Infos: www.c-tran.com

30 End of the Oregon Trail Interpretive & Visitor Information Center ⭐

Spielte das britische Fort Vancouver für die europäische Landnahme des Nordwestens eine zentrale Rolle, steht die Kleinstadt **Oregon City** im Süden des Großraums Portland für den Beginn der permanenten Besiedlung der Region. 1829 hatte hier am Willamette River der regionale Chef der Hudson's Bay Company,

John McLoughlin (s. S. 43), ein Sägewerk errichten lassen, um das herum sich bald eine Siedlung bildete. Als ab 1842 Siedler regelmäßig über den **Oregon Trail** (s. Exkurs rechts) ins „Gelobte Land" zogen, mauserte sich der Ort zur zentralen Anlaufstation und war bis 1851 Hauptstadt des Oregon Territory.

Heute lockt vor allem das **End of the Oregon Trail Interpretive & Visitor Information Center** Besucher an, außerdem das historische **Downtown**. Ein Teil davon erstreckt sich am Ufer des Willamette River um die Main Street, ein anderer oberhalb, um die 7th Street. Zu den historischen Bauten hier gehört das **McLoughlin House**, das Teil der Fort Vancouver NHS 29 ist.

Das **End of the Oregon Trail Interpretive & Visitor Information Center** befindet sich nur Schritte vom Bahnhof entfernt mitten in einem Park. Der Komplex symbolisiert einen Siedlertreck und ist in drei überdimensionalen Siedlerwagen untergebracht. Im vorgelagerten Gebäude des Visitor Center gibt es außer Tickets einen Shop und Infos zur Region bzw. zu ganz Oregon. Die Besichtigung startet man idealerweise im Kino im mittleren „Wagen". Hier gibt der Film „**Bound for Oregon**" eine anschauliche Einführung in die Besiedelungsgeschichte. In den anderen Abteilungen werden unterschiedliche Aspekte mit verschiedenen Medien behandelt: Herkunft der Siedler, ihre Motive, ihre Geschichte, die anstrengende Reise, die Ureinwohner etc. Im Freien gibt es Werkstätten zu sehen, an

◹ Die Hudson's Bay Company richtete Fort Vancouver 29 als Handelszentrum ein

denen es an Wochenenden auch Vorführungen gibt.

Im **Parkareal,** das zu Veranstaltungen wie den „Concerts in the Park" im Sommer oder für Arts Festivals genutzt wird, kann man sich ausruhen und dann den rekonstruierten **Heritage Garden** (einen Rosen- und Küchengarten) oder den **Interpretive Trail** erkunden.

> 1726 Washington St., Oregon City, www. historicoregoncity.org, Mo.–Sa. 9.30–17, So. 10.30–17 Uhr, $ 13
> **Anfahrt:** mit Amtrak Cascades bis „Oregon City", kurzer Fußweg vom Bahnhof zum Museum, tgl. vier Züge ab Union Station (ca. 25 Min. Fahrtzeit, www.amtrak.com)

★**8 McLoughlin House,** 713 Center St., Oregon City/OR, nur Fr./Sa. 10–16 Uhr, Eintritt frei

Auf ins gelobte Land

Kaum hatten sich die ersten Europäer im 17. Jh. an der Ostküste niedergelassen, blickten einige Rastlose schon gen Westen. Sie bewirkten, dass sich die **frontier** *– die Grenze zwischen der europäischen („zivilisierten") und der indianischen („unzivilisierten") Welt – im Laufe der Jahrhunderte westwärts verschob. Erst zu Beginn des 19. Jh. setzte jedoch eine Massenbewegung Richtung Westen ein. Nachdem US-Präsident Thomas Jefferson 1803 den Louisiana Purchase geschlossen hatte – für nur $ 15 Mio. hatte er Napoleon den riesigen, noch unerforschten Landstrich zwischen Mississippi und den Rocky Mountains abgekauft – stand das Land im Westen zur Besiedelung offen.*

Von **Horace Greeley** *(1811–72), Gründer der „New York Tribune" und einer der politisch einflussreichsten Männer seiner Zeit, soll die Parole* **„Go West, young man!"** *stammen – und diesem Lockruf folgten Abenteurer, Händler und Siedler. An die verschiedenen eingeschlagenen Wege ins „Gelobte Land" erinnert heute eine Reihe von Trails, die dem National Park Service unterstehen:* **Oregon Trail, California Trail** *und* **Mormon Pioneer Trail.**

Zwischen einer halben und einer Million Menschen sollen im Laufe des 19. Jahrhunderts diesen Trecks gefolgt sein – eine der größten freiwilligen Völkerwanderung der Menschheitsgeschichte! Wie viele letztlich am Ziel angekommen sind, liegt allerdings im Dunkeln. Dabei stellten jedoch weniger Kampfhandlungen mit Indianern die Hauptgefahr dar als vielmehr Krankheiten wie Cholera, Erschöpfung, Unfälle, Mangelernährung oder verseuchtes Wasser.

Für die gesamte **Strecke von über 3000 km** *benötigten die Siedler bei durchschnittlichen Tagesetappen von 20 km etwa sechs Monate (Ruhephasen und Zwischenfälle eingerechnet). Man startete möglichst im April, um vor der einsetzenden Kälte im Herbst das Ziel zu erreichen und rechtzeitig vor Wintereinbruch ein Dach über dem Kopf zu haben. Für viele hieß das Ziel Oregon, ab 1842 erreichten Trecks regelmäßig den Nordwesten. Bis zur Westseite der Rocky Mountains verliefen die Routen gleich, westlich des heutigen Pocatello/Idaho trennten sich dann California und Oregon Trail. Letzterer folgte dem Snake River nordwestwärts nach Oregon und bis Oregon City.*

Ausflüge

③ Columbia River Gorge und Mt. Hood ★★★

Sattgrüne Regenwälder, Gischt sprühende Wasserfälle, ein mächtiger Strom, der sich seinen Weg spektakulär durch ein Felsmassiv bahnt, zwei schneebedeckte Vulkanberge und sich dramatisch schlängelnde Landstraßen – eine Fahrt durch die Columbia River Gorge zählt zu den Highlights eines Oregon-Besuchs.

Um die tosende Engstelle, die sich der Columbia River durch die Bergkette der Cascade Range gegraben hat, zu überbrücken, soll der „Große Geist" einst eine steinerne Brücke geschaffen haben – diese Geschichte erzählen die Indianer über die **Bridge of Gods**. Dann jedoch gerieten die beiden Gottessöhne, Klickitat und Wyeast – als Mt. Adams und Mt. Hood weithin im Nordwesten sichtbar – über eine schöne Frau in Streit. Sie beschimpften sich und spuckten Feuer, sodass die Erde derart zu beben begann, dass die göttliche Brücke einstürzte.

EXTRATIPP

Rundfahrt 1

Von Portland aus lassen sich Columbia River Gorge und Mt. Hood mühelos auf einer Rundfahrt erkunden. Man folgt zunächst dem historischen US Hwy. 30 bzw. der I-84 entlang dem Columbia River ostwärts bis Hood River. Dann geht es auf der SR 35 durch ein fruchtbares Tal an der Ostseite des Mt. Hood südwärts bis zum US Hwy. 26, der westwärts zurück nach Portland führt. Von dieser Route führt eine Stichstraße hinauf zum Fuß des Mt. Hood-Gipfels (Gesamtstrecke ca. 260 km).

Diese indianische Legende birgt einen wahren Kern, wie Wissenschaftler herausfanden. Um 800 erschütterte tatsächlich ein Erdbeben die Region und es kam zum Ausbruch von Mt. Adams. Als Erde und ein gigantischer Fels in den Fluss stürzten, bildete sich ein natürlicher Damm, der etwa hundert Jahre lang den Columbia River bis Idaho aufstaute. Als der Fluss das lockere Erdreich unterspült hatte, blieb eine natürliche Brücke stehen, die allerdings um 1500 einstürzte, als Mt. Hood und Mt. Adams gleichzeitig ausbrachen. Erst 1926 entstand eine neue „Bridge of the Gods", diesmal in Stahl und von Menschenhand geschaffen.

Zwischen Corbett, einem westlichen Vorort Portlands, und dem Städtchen Hood River im Osten erstreckt sich die **Columbia-Schlucht**, die sich der Fluss über Jahrtausende durch die Cascade Range – den Vulkangebirgszug, der von Kalifornien bis hinauf ins kanadische British Columbia reicht – gegraben hat. Lange konnte der Columbia wegen seiner zahlreichen Stromschnellen hier nicht mit Booten passiert werden, doch inzwischen ist er gezähmt und große Wehre mit Schleusen stauen ihn immer wieder auf. Einer der größten Dämme ist der **Bonneville Dam**, den man kurz vor Hood River passiert.

Der als **Historic Columbia River Highway** ausgewiesene US. Hwy. 30 verläuft entlang dem Südufer des Columbia über knapp 50 km zwischen Troutdale im Osten Portlands und Cascade Locks, einem kleinen Ort zwischen Bonneville Dam und Hood River. Die Anfang des 20. Jh. konstruierte Straße, zu der heute parallel die Autobahn I-84 verläuft, ist zwar aufgrund ihrer Kurven etwas zeitaufwen-

dig zu befahren, doch bietet sie bei schönem Wetter ein einmaliges Erlebnis: den Ausblick auf die Columbia River Gorge und die Berge der Cascades Range, dichte Wälder und Wasserfälle wie die 190 m hohen **Multnomah Falls** oder die (weniger überlaufenen) **Bridal Veil Falls.**

Bei Corbett erreicht man die engste Stelle der **Columbia River Gorge** und vom 220 m hoch aufragenden **Crown Point Rock** eröffnet sich ein fantastischer Ausblick. Das hier befindliche **Vista House** (im Sommer tgl. 9–18 Uhr, www.vistahouse.com) wurde als Rasthaus an der Straße gebaut, ein oktogonaler Bau mit kupferner Kuppel im Stile der damaligen „modernen deutschen Architektur", dem Jugendstil. Auch innen aufwendig gestaltet, u. a. mit Marmor aus Alaska, beherbergt es eine Ausstellung über Sehenswürdigkeiten in der Columbia River Gorge, einen Souvenirladen und ein Café.

Nach Crown Point und den Multnomah Falls passiert man den **Bonneville Dam** und gegenüber, auf dem Staatsgebiet Washingtons, ragt der 260 m hohe **Beacon Rock** auf. Er diente einst als markanter Wegweiser und Marker für die Schifffahrt. Kurz vor Cascade Locks führt die Bridge of Gods auf die nördliche Uferseite. Hier könnte man während einer beschau-

lichen Schaufelraddampferfahrt die Flusslandschaft näher kennenlernen.

Mit Sandstrand am aufgestauten Columbia River und den bunten Segeln der Windsurfer vor der Kulisse des schneebedeckten Mt. Hood sowie dem schönen Historic Hood River Hotel von 1912 in der auch sonst attraktiven Innenstadt, lohnt **Hood River** auf alle Fälle eine Übernachtung. Wer gern Eisenbahn fährt, sollte einen Ausflug mit der **Mount Hood Railroad** an den Fuß des Berges einplanen und **Bierliebhaber** sollten Full Sail und Pfriem Family Brewers nicht versäumen (s. S. 48)!

Von Hood River aus ist es ein Katzensprung zum **Mt. Hood.** Dazu folgt man dem **Hood River County Fruit Loop** (http://hoodriverfruitloop.com) auf dem Hwy. 35 südwärts. Den schneebedeckten Vulkan stets im Blick, geht es durch das fruchtbare Tal des Hood River mit Obstplantagen und Nussbäumen – ein Grossteil der Haselnüsse in den USA kommt von hier! Schließlich schraubt sich die Straße immer höher die Kaskadenberge hinauf und endet am US Hwy. 26, der südwärts nach Bend, Crater

⌂ Blick von Crown Point Rock
auf die Columbia River Gorge

Exoten im Biergeschäft

Die **Full Sail Brewing Company** *wurde im Jahr 1987 in einer alten Obstkonservenfabrik in Hood River gegründet und zählt zu den Pionieren der Craftbier-Szene im Nordwesten der USA. Heute befindet sich die Brauerei - und das ist ungewöhnlich - als Kooperative im Besitz der Angestellten und gilt dazu als eine der besten Craft Breweries, nicht nur in Oregon, sondern in den gesamten USA.*

Neuer und kleiner ist die 2012 gegründete **pFriem Family Brewers,** *die sich innerhalb kürzester Zeit einen Namen gemacht hat. Man unterhält einen gemütlichen Pub mit Bar und Terrasse an der Flusspromenade und die Biere, die Chef und Braumeister Josh Pfriem und seine 15 Mitarbeiter hier produzieren, verbinden Hightech mit Handarbeit, Tradition mit Kreativität und Innovation. Lagerbiere und Pilsener, Ales und die in Wein-, Sherry, Whiskey- oder Brandy-Fässern gelagerten Spezialbiere, viele davon „Sours" im belgischen Stil, Gose oder Berliner Weiße, machen die Bierprobe hier zum Erlebnis!*

🍺13 **Full Sail Brewing Co.,**
  506 Columbia St., Hood River, https://fullsailbrewing.com; Brew Pub tgl. 11-21.30 Uhr, kostenlose Brauereitouren Juni-Sept. Mo.-Do. 15/16, Fr.-So. 13/14/15/16 Uhr

🍺14 **pFriem Family Brewers,**
  707 Portway Ave. # 101, Hood River, www.pfriembeer.com. Brewpub tgl. 11-23 Uhr, Shop und gutes Essen

Lake und Kalifornien, westwärts zurück nach Portland führt.

Der 3420 m hohe Vulkan **Mt. Hood** ist der höchste Berg und das Wahrzeichen Oregons. Schon die ersten Siedler, die auf dem Oregon Trail unterwegs waren, nahmen den Berg als weithin sichtbare Landmarke wahr und gaben ihm wegen der Ähnlichkeit zum Schweizer Matterhorn den Spitznamen „Amerikas Matterhorn". Heute ist das Areal ringsum ein beliebtes Wochenendausflugsziel. Ein rund 10 km langer Abstecher führt vom US Hwy. 26 hinauf zur historischen **Timberline Lodge,** einem Berghotel auf knapp 2000 m Höhe. Entstanden in den 1930er-Jahren, ist dieses altehrwürdige Hotel ein idealer Ausgangspunkt für Wanderer und Wintersportler. Seit 1928 wird hier Ski gefahren und damit ist Mt. Hood eines der ältesten Skigebiete der USA (www.skihood.com). **Government Camp** (Hwy. 26) bietet entlang seiner Hauptstraße, dem Government Camp Loop, touristische Infrastruktur. Von hier führt dann der vierspurige Hwy. 26 zurück nach Portland.

ℹ9 **Hood River Visitor Info Center,**
  405 Portway Ave. (I-84, Exit 63), www.hoodriver.org, Mo.-Fr. 9-17, Sa. 10-16 Uhr

ℹ10 **Bonneville Lock and Dam,** Besucherzentrum I-84 Exit 40, tgl. 9-17 Uhr, www.nwp.usace.army.mil/bonneville.

●11 Sternwheeler „Columbia Gorge",
  Cascade Locks Marine Park (I-84 Exit 44), www.sternwheeler.com, bietet zweistündige Fahrten auf dem Columbia River, ab $ 30, Fahrplan s. Website

●12 **Mt. Hood Railroad & Dinner Train,**
  Hood River Depot (I-84, Exit 63), www.mthoodrr.com, zu ausgewählten Terminen je nach Saison, ab ca. $ 40

❯ **Mt. Hood Territory:**
  www.mthoodterritory.com

025po-mb

⌂ *Hood River (s. S. 47) hat nicht nur einen Strand, sondern auch etliche gute Brauereien zu bieten*

32 Oregon Wine Country/ Willamette Valley ★★★

Es hat sich längst herumgesprochen, dass die Weine aus Oregon, besonders die Pinot Noirs (Spätburgunder), zu den edelsten Tropfen der „Neuen Welt“ gehören. Auf einer Rundfahrt durch das Willamette River Valley, das sich südwärts der Metropole Portland erstreckt, kann man sie in idyllisch gelegenen Weingütern ausgiebig verkosten.

Maßgeblichen Anteil am Aufschwung des Nordwestens als ernstzunehmende Weinregion hatte eine Blindverkostung französischer Spätburgunder und Pinot Noirs aus Oregon im Jahr 1980: Zur Überraschung der Fachwelt stach der 1975er Pinot Noir des Weinguts Eyrie alle europäischen Weine aus. Seither wird den „Boys up North“, wie man die Winzer der ersten Stunde – David Lett (Eyrie), Dick Erath (Erath), Myron Redford (Amity), David Adelsheim (Adelsheim) und Dick Ponzi (Ponzi) – bezeichnet, Interesse entgegengebracht und Oregons Wine Country genießt den Ruf, das „amerikanische Burgund“ zu sein.

EXTRATIPP

Rundfahrt 2

Von Portland aus lässt sich das Willamette Valley und damit der Kern des Oregon Wine Country gut auf einer Rundfahrt erkunden. Zunächst geht es südwestwärts auf dem Hwy. 18 nach **McMinnville,** zentraler Weinort der Region, von dort folgt man dem Hwy. 99 W südwärts zur Hauptstadt **Salem.** Dann führt der Hwy. 213 durch die weniger überlaufene Ostseite des Tals zunächst nach **Silverton,** eine weitere nette Ortschaft und günstiger Standort. Der Hwy. 213 führt weiter nach Oregon City, quasi vor den Toren Portlands (Hwy. 99E). Die Gesamtstrecke beträgt ca. 200 km.

Pinot Noir (Spätburgunder) gilt als ideale Rebsorte für das Willamette Valley, geprägt von kühl-feuchtem Meeresklima mit milden Wintern, viel Regen im Frühjahr und Herbst sowie trockenen Sommern. Die Weine aus Oregon sind hochgeschätzt und an-

gesichts der Tatsache, dass in relativ kleinen Mengen produziert wird und dazu die Einwohner Oregons selbst wissen, was gut ist, ist es nicht ganz einfach (und eher teuer), sie außerhalb des Bundesstaats zu erwerben.

> **Oregon Wine Country:** www. oregonwinecountry.org, http://willamettewines.com

Zwischen McMinnville und Salem

Kaum eine Autostunde ist es von Portland nach **McMinnville**, dem Herz von Oregons Hauptanbauregion, dem **Willamette River Valley**. In McMinnville und dessen Umkreis – Dayton, Yamhill, Dundee oder Newberg – ist ein Viertel aller Weingüter Oregons zu Hause, meist idyllisch gelegen und zu Verkostungen einladend. Bei größeren wie Rex Hill (www.rexhill.com) oder Adelsheim (www.adelsheim.com) gehören Läden und/oder Lokale dazu, bei kleineren geht es familiär zu und der *winemaker* erklärt und verkauft seine Tropfen oft noch selbst. McMinnville ist ein idealer Standort. Entlang der 3rd Street reihen sich historische Bauten, Läden und Lokale wie Nick's auf, wo Oregons Weinindustrie aus der Wiege gehoben wurde und sich noch heute die Winzer treffen.

EXTRATIPP

Ungewöhnliche Weine aus Oregons Garten Eden

Die deutschstämmige Gabriele Keeler und ihr Ehemann Craig erwarben 1989 Land, gedacht als Rückzugsort und für eine kleine Farm. Dann hatte Gaby jedoch die Idee, hier ein Weingut einzurichten. 2007 wurden die ersten Reben gepflanzt und 2011 die ersten **Keeler-Estate**-Weine ausgebaut. Im Tal wächst vor allem Pinot Gris, am Hang – mit traumhaftem Ausblick – wachsen Pinot Noir und Chardonnay. Besonderen Wert legen die Keelers auf **biologischen An- und Ausbau** sowie **Nachhaltigkeit**.

Kellermeisterin Kelly Kidneigh arbeitet nicht nur mit traditionellen Methoden, sondern es kommen im Keller auch Tonamphoren oder „Beton-Eier" zum Einsatz. Kidneigh ist seit 1988 im Geschäft und hat ebenso in den Pionier-Weingütern Oregons wie Eyrie oder Torii Mor gearbeitet wie im Burgund. Die **Estate Pinot Noirs** oder der fast an einen Rosé erinnernde **Pinot Gris** lohnen eine Verkostung, besonders wenn man dabei im Freien vor dem Weingut den Blick über die Weingärten genießen kann.

Auch bei **Cristom Vineyards,** auf halbem Weg zwischen McMinnville und Oregons Hauptstadt Salem, steht kein Unbekannter im Weinkeller: Steve Doerner, ausgebildet in Kalifornien, begann schon 1992 bei Cristom und hat das Weingut inzwischen zu einem der Spitzenweingüter Oregons gemacht. Hier stammen die Pinot Noirs von verschiedenen Hängen und tragen klangvolle Namen wie „Louise", „Marjorie" oder „Jessie".

Die **Postlewaits** sind eine typische Bauernfamilie im Willamette Valley: Außer Weintrauben und Beeren bauen sie Gemüse und Nüsse an und halten Milchkühe. Als weiteres Standbein richten sie Veranstaltungen, v. a. Hochzeiten, aus. Seit 2014 betreiben sie dazu ein eigenes Weingut, **Postlewait's Vineyards & Whiskey Hill Winery**, spezialisiert auf Pinot Noir, White Pinot Noir und Pinot Noir Rosé. Schwiegersohn und Ex-Polizist Chris Helbing und seine Frau sind für die Weine zuständig und schenken sie meist auch höchstpersönlich im kleinen Tasting Room aus.

Bei **Forest Edge Vineyard** versteckt sich der Tasting Room in einer Ecke der kleinen, an eine Scheune erinnernde Kellerei. Besitzer Jan Wallinder und Ron Webb haben das Land in den 1980er-Jahren erworben und

Ein paar Meilen südlich der Stadt liegt das Dorf **Amity** und hier befindet sich das gleichnamige Weingut von **Myron Redford** (www.amityvineyards. com), einer der Pioniere des Pinot Noir in Oregon. Auf der Ostseite des Hügels befindet sich jedoch auch **Keeler Estate** (s. unten) aus verschiedenen Gründen ungewöhnlich und dazu malerisch gelegen.

Zu den derzeit besten Pinot Noirs zählen diejenigen der **Cristom Winery** (www.cristomvineyards.com), auf halbem Weg zwischen McMinnville und Oregons Hauptstadt Salem gelegen. Für den Weinkeller ist hier seit 1992

Steve Doerner, einer der legendären *winemaker* Oregons, zuständig.

Im Zentrum des Obst-, Gemüse-, Nuss- und v. a. Weinanbaugebiets Willamette Valley liegt **Salem**, die Hauptstadt Oregons. Überragt wird die Kleinstadt (ca. 170.000 Einwohner) vom 1938 erbauten **State Capitol**. Dessen Kuppel krönt eine vergoldete Statue des „Oregon Pioneer" oder „Gold Man" als Symbol für die ersten Pioniere. Aus dem 19. Jh. stammen **Asahel Bush House** und **Deepwood Estate** – beide gefüllt mit Antiquitäten und umgeben von der Grünanlage des Bush's Pasture Park.

setzen auf die Ideen der Permakultur. Als Biobauern liegt ihr Fokus auf Nachhaltigkeit – und auf guten Weinen. Zwar produziert der Zweipersonenbetrieb nur etwa 500 Weinkisten im Jahr, doch sind diese Flaschen von ungewöhnlicher Qualität. Neben Chardonnay und Pinot Noir baut Ron auch **Léon Millot** aus, eine seltene, 1911 im Elsass gezüchtete Rotweinsorte. Außerdem werden Obst und Nüsse kultiviert und es wird Cidre hergestellt.

☻15 Cristom Vineyards, 6905 Spring Valley Rd. NW, Salem/OR, Tasting Room tgl. 11–17 Uhr

☻16 Forest Edge Vineyard, 15640 S Spangler Rd., Oregon City/OR, http://forestedgevineyard.com, Mai–Nov. Sa./So. 12–17, Dez.–Mai So. 12–17 Uhr

☻17 Keeler Estate, 5100 SE Rice Ln, Amity/OR, http://keelerestatevineyard.com, Tasting Room Do.–So. 11–17 Uhr

☻18 Whiskey Hill Winery, 29510 S Barlow Rd., Candy/OR, www.whiskeyhillwinery.com, Fr.–So. 12–17 Uhr

☑ *Blick auf die Weinberge von Keeler Estate*

026po-mb

Mehrere historische Häuser, großteils aus den 1840er-Jahren, sind als **Willamette Heritage Center at The Mill** auf dem Grund der früheren Textilfabrik Thomas Kay Woolen Mill (1889) vereint. Das **Hallie Ford Museum of Art** ist Teil der Willamette University und befindet sich im Stadtzentrum. Schwerpunkte der Ausstellung sind die Kunst des Pazifischen Nordwestens und der Indianer. In die hohe Kunst des Bierbrauens weiht hingegen **Gilgamesh Brewing** (www.gilgameshbrewing.com) mit nettem Lokal und schattiger Terrasse am Fluss ein.

❯ **McMinnville:** https://visitmcminnville.com; **3rd Street Flats:** https://thirdstreetflats.com

❯ **Salem:** www.travelsalem.com, auch zu den genannten Sehenswürdigkeiten

Der Osten des Tals

Während Besucher im Umkreis von McMinnville, auf der Westseite des Tals, an Wochenenden zu Weinproben einströmen, ist die Eastside zwischen Oregon City und Silverton weniger frequentiert. Überhaupt präsentiert sich die **Eastside** östlich von Salem und jenseits des Willamette River als angenehm beschaulich. Hier verteilen sich vor allem kleinere Weingüter wie **Postlewait's** oder **Forest Edge** (s. S. 51) auf die ansonsten landwirtschaftlich vielseitig genutzte Region zu Füßen der Cascade Mountains mit Mt. Hood und Mt. Jefferson im Hintergrund.

Idealer Standpunkt ist **Silverton** mit seiner historischen Hauptstraße. Besonders sehenswert sind hier das von Frank L. Wright geplante **Gordon House**, der **Oregon Garden** – ein einzigartiger Botanischer Garten – und der **Silver Falls State Park,** wo North und South Fork des Silver Creek durch eine Schlucht über zehn Wasserfälle hinabfließen.

❯ **Silverton:** www.silvertonchamber.org

★ **19** Frank Lloyd Wright Gordon House, 869 W Main St., Silverton/OR, www.thegordonhouse.org, Touren (auf Anmeldung) tgl. 12/13/14 Uhr, $ 20

★ **20** Oregon Garden, 879 W Main St., www.oregongarden.org, Mai–Sept. tgl. 9–17, sonst 10–16 Uhr, $ 12

★ **21** Silver Falls State Park, 20024 Silver Falls Hwy. SE, Sublimity/OR, https://oregonstateparks.org/index.cfm?do=parkPage.dsp_parkPage&parkId=151, je nach Jahreszeit, mind. 8–17 Uhr, $ 5

☑ *Das Gordon House in Silverton stammt vom Reißbrett von Frank Lloyd Wright*

027 po-mb

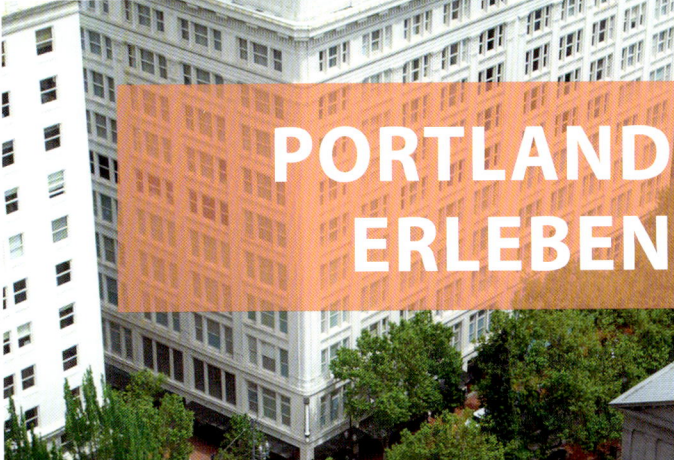

PORTLAND ERLEBEN

Portland ist die vielleicht „Nerdiest City in America". Hier sind weniger die Museen und Sehenswürdigkeiten, sondern eher die bunten Neighborhoods, die kulinarische Szene, die Kreativität, die schrägen Shops und das Kulturleben von besonderem Interesse. Portland ist dabei, San Francisco als hippe, etwas verrückte Stadt abzulösen und befindet sich derzeit in einem spannenden Auf- und Umbruch.

Portland für Kunst- und Museumsfreunde

Zu den Highlights der Kunstszene in Portland gehört neben dem überregional anerkannten Portland Art Museum das Museum der Oregon Historical Society. Daneben lohnen z. B. die extravagante Pittock Mansion, das familienfreundliche OMSI, das End of the Oregon Trail Interpretive Center oder Fort Vancouver. Die aktive Kunstszene tobt sich vor allem in den Randvierteln aus, in kleinen Galerien, in Form von Wandmalereien oder bei speziellen Veranstaltungen.

30 **End of the Oregon Trail Interpretive & Visitor Information Center.** Museum mit Parkanlage in Oregon City, das sich der Geschichte der Siedlertrecks ins Oregon Territory im 19. Jh. widmet (s. S. 44).

29 **Fort Vancouver NHS.** Eindrucksvoller Nachbau des einst wichtigen Handelspostens der britischen Hudson Bay Company am Westufer des Columbia River (s. S. 42).

17 [dp] **OMSI (Oregon Museum of Science and Industry).** Wissenschaftsmuseum mit viel Gelegenheit zum Spielen und Ausprobieren für die ganze Familie (s. S. 32).

2 [A5] **Oregon Historical Society Museum.** Grandioser Einblick in die Geschichte, aber auch andere Aspekte der Stadt, des Staates und der ganzen Region (s. S. 15).

8 [D4] **Oregon Maritime Museum.** In einem alten Raddampfer gibt es Infos zur Bedeutung der Schifffahrt auf Willamette und Columbia River (s. S. 22).

22 [C3] **Oregon Nikkei Legacy Center,** 121 NW 2nd Ave., Di.–Sa. 11–15, So. 12–15 Uhr, $ 5. Infos zur Geschichte der japanischen Gemeinde in PDX.

18 [ep] **Oregon Rail Heritage Center.** Ein Spaß für Eisenbahnfreunde (s. S. 32)!

27 [an] **Pittock Mansion.** Luxusvilla des Gründers der lokalen Zeitung aus dem frühen 20. Jh. Schon wegen der Aussicht den Abstecher wert (s. S. 40)!

3 [A5] **Portland Art Museum.** Eines der besten Kunstmuseen an der Westküste. Besonders interessant sind die Abteilungen zur Kunst des Nordwestens, der Ureinwohner und zur zeitgenössischen Kunst. Zugehörig ist das Film Center (s. S. 17).

› **Portland Children's Museum** (s. S. 113). Ein Paradies für Kinder, die hier selbst aktiv werden können.

23 [dm] **Portland Institute for Contemporary Art (PICA),** 15 NE Hancock St., http://pica.org, Mi.–Fr. 12–18 Uhr, Eintritt frei. Wechselausstellungen, die sich ganz der zeitgenössischen Kunst – Schwerpunkt ist die Kunst des Nordwestens – widmen.

28 **The Grotto.** Ungewöhnliches Heiligtum mit Kunstsammlung und Botanischem Garten, auch Veranstaltungen wie Konzerten u. a. (s. S. 42)

◁ *Vorseite: Der Pioneer Courthouse Square* **1** *ist das „Herz" der Stadt*

029-po-mb

25 [ao] **World Forestry Center Discovery Museum.** Ungewöhnliches Museum, das sich den im Nordwesten weit verbreiteten Wäldern verschrieben hat (s. S. 40).

⌃ *Teil des OMSI* **17** *ist das am Willamette River liegende U-Boot „USS Blueback"*

Kunstgalerien

Galerien konzentrieren sich an der NW 13th Avenue [A1–3], bekannt als **Pearl NW Art Gallery District.** Weitere Zentren sind Central Eastside Industrial District (s. S. 30), Alberta Arts District **21** und Nob Hill **15**. So gut wie alle Galerien haben sonntags, viele auch montags geschlossen. Eine **umfassende Liste** findet sich unter: http://art-collecting.com/galleries_or_portland.htm.

24 [fk] **Ampersand Gallery & Fine Books,** 2916 NE Alberta St., Öffnungszeiten s. Website, www.ampersandgallerypdx.com. Zeitgenössische Kunst des Nordwestens, Fotografie und Kunstbände, neu und gebraucht, außerdem historische Fotos.

25 [fk] **Antler Gallery,** 2728 NE Alberta St., Do.–Di. 12–18 Uhr, www.antlerpdx.com. Drucke, Bilder, Collagen, oft mit Naturbezug.

EXTRATIPP

First Thursdays

Von April bis Oktober ist am ersten Do. im Monat v. a. im Pearl District **12** viel los: Kunstgalerien und Läden sind länger geöffnet und es gibt Gratisausstellungen und -konzerte sowie Aktionen. Das Geschehen konzentriert sich auf die drei Straßenblöcke um die NW 13th Avenue zwischen Hoyt St. und Kearney St.

Auch in anderen Teilen des Pearl District und im angrenzenden Downtown und Old Town Chinatown **9** ist etwas geboten, u. a. sind die Compound Gallery (s. S. 80), die Fifty24PDX Gallery von Upper Playground (s. S. 81), die Guardino Gallery (s. S. 56) oder Floating World Comics (s. S. 82) beteiligt.

❯ **Info:** www.firstthursdayportland.com, mit Karte

> **Fifty24PDX Gallery,** im Gebäude von Upper Playground (s. S. 81), www.fifty 24pdx.com. Ausstellungen und Aktionen mit Schwerpunkt auf zeitgenössischen Graffiti und Streetart.

📷 **26** [fk] **Guardino Gallery,** 2939 NE Alberta St., Di. 11–17, Mi.–Sa. 11–18, So. 11–16 Uhr, www.guardinogallery. com. Zeitgenössische Ausstellungen im Alberta Arts District. Die Galerie startete 1996 als Podium für Künstler aus dem pazifischen Nordwesten und besteht heute aus mehreren Teilen plus Shop, in dem lokale Künstler ihre Werke anbieten.

> Im **Pearl District** 12 finden Sammler in Galerien wie **Froelick** (https:// froelickgallery.com), **Augen** (www.augen gallery.com) und **Elizabeth Leach** (www. elizabethleach.com) v. a. zeitgenössische Kunst mit Fokus auf Künstlern aus dem Nordwesten der USA.

Street Art in Portland

Portland ist bekannt für progressive Stadtplanung, Umweltbewusstsein, Do-it-Yourself-Mentalität und lebenswerte Wohnviertel. **Wandmalereien** finden sich konzentriert in Vierteln wie Alberta, Hawthorne, Central Eastside oder Mississippi. Das Interessante dabei ist der Mix an Stilen und Themen. Die **Portland Street Art Alliance** überwacht die Projekte und bietet auch Touren an:

> www.pdxstreetart.org

Portland für Genießer

Portland ist eine kulinarische Hochburg und viele Trends wurden und werden hier „geboren". Regionalität und Bioqualität sind selbstverständlich und statt einzelner ethnischer Küchen dominiert eine kreative „Weltküche". Streetfood setzte hier zum kulinarischen Höhenflug an, Bier war und ist Kult und die derzeit weltweit boomende Kaffeeszene wäre ohne Portland kaum vorstellbar.

Der **Pearl District** 12 und **Nob Hill** 15 sind nicht nur zum Shoppingbummel, sondern auch zum anschließenden Essen ideal. Im Pearl District fallen vor allem die vielen Bäckereien und Bistros mit Freiplätzen auf, dazu unkomplizierte Pubs mit Burgern und kleinen Gerichten. Auch vegetarische/ vegane Optionen und Möglichkeiten zum „Fine Dining" sind zu finden.

Portlands historisches **West End** 14 ist bekannt für kreative Lokale (und Nightspots), **Old Town Chinatown** 9 bietet ein breites Spektrum von der Pizzeria bis zum China-Imbiss. Eklektisch und bunt gemischt präsentiert sich der **SE Hawthorne Boulevard.** Hier findet man eher ausgefallene Restaurants, dazu Gourmet-Imbisse und Coffeeshops.

Im **Alberta Arts District** 21 ist das kulinarische Spektrum breit, auch

030po-mb

preislich, und reicht von der Haute Cuisine bis zu interessanter „Weltküche". In den letzten Jahren wächst die Szene an der **N Williams Ave.** Hier befindet sich u.a. ein beliebter Brunch-Spot: Tasty n Sons (s. S. 60). An der benachbarten **N Mississippi St.** reihen sich eher preiswertere Lokale und Eateries mit Tacos, Pizza etc. auf. Die **Central Eastside** (s. S. 30) gilt als „up & coming", auch was Lokale angeht.

Kulinarische Besonderheiten

Portland/Oregon muss kulinarisch im großen Zusammenhang mit dem pazifischen Nordwesten gesehen werden. Charakteristisch für diese **kreative Küche,** die vor allem aus lokalen bzw. regionalen Quellen schöpft, sind z.B. Zutaten wie Fisch (Lachs) und Meeresfrüchte, Käse, Wildfleisch und -pilze, Beeren und Nüsse. Dazu kommen **Einflüsse der indianischen Küche,** z.B. was das Räuchern angeht, und aufgrund des hohen Bevölkerungsanteils auch asiatische Elemente.

Portlands **Streetfood-Szene** ist einzigartig. Hier liegen die Wurzeln dieser Bewegung und es handelt sich nicht wie in anderen Städten um einzelne, an Straßen stehende Foodtrucks, sondern um ganze Parks oder „**pods**", wobei die trucks hier „**carts**" genannt werden und oft für längere Zeit an einem Ort stehen.

Food Halls mit verschiedenen Imbissstationen (meist betrieben von lokalen Restaurants und Produzenten) sind eher neu, schon lange beliebt sind **Farmers' Markets** (Wochenmärkte, s. S. 77). **Slowfood** und **Farm-to-Table** bzw. **Farm-to-Fork** – die Verwendung lokaler/regionaler Produkte soweit möglich – sind in PDX feste Begriffe.

An **kulinarischen Trends** fallen neben Brauereien, Destillerien und Kaffeeröstereien zunehmend Donut Shops, Bäckereien, Chocolatiers und Gourmet-Eiscremeläden, Cideries oder Kombucheries (s. S. 74) auf.

EXTRATIPP

Kulinarische Events

Portland ist eine **Foodie-Stadt** und eine **Bier-Hochburg.** Daher gibt es auch zahlreiche kulinarische Veranstaltungen im Jahresverlauf. Infos finden sich im Internet z. B. unter:

❯ www.travelportland.com/collection/ food-drink-events
❯ https://pdx.eater.com (auch Restauranttipps!)

Der März ist **Portland Dining Month** (www.travelportland.com/article/ portland-dining-month) und Toplokale bieten dann preisgünstige Menüs an.

◠ *Delikatessen in Bioqualität gibt es bei Olympia Provisions (s. S. 62)*

◁ *Wandbilder wie dieses im Alberta Arts District* **21** *zeugen vom künstlerischen Potenzial der Stadt*

Hinweise zum Essengehen

Mittagessen (**lunch**) wird im Allgemeinen zwischen 12 und 14 Uhr, Abendessen (**dinner**) von circa 17.30/18 bis 21 oder 22 Uhr serviert. Abends und an Wochenenden sollte man in besseren bzw. beliebten Restaurants **einen Tisch reservieren**, ansonsten muss man Wartezeiten in Kauf nehmen.

Nach dem Prinzip „**wait to be seated**" wird einem am Eingang ein eigener Tisch zugewiesen und die Bedienung *(server/waiter)* stellt sich vor.

In der Regel wird ungefragt und kostenlos **Leitungswasser** *(tab water)* auf den Tisch gestellt und ständig nachgeschenkt. Mineralwasser (*still* oder *sparkling mineral water*) ist kostenpflichtig. Es besteht in Restaurants kein Zwang, ein anderes Getränk als das kostenlose Wasser zu bestellen.

Die **Menüzusammensetzung** ist flexibel und mehrere Beilagen, Salatdressings und Zubereitungsarten, oft auch Portionsgrößen und Kombinationsmöglichkeiten, stehen zur Wahl. *Small plates,* kleinere Portionen, von denen man oft mehrere ordert (auch für den Tisch), um eine größere Vielfalt kennenzulernen, sind verbreitet.

Auf den **appetizer** (Vorspeise) folgen das **entrée** (Hauptgericht) und das **dessert** (Nachtisch). Wenn man fertig ist, bekommt man unaufgefordert die **Rechnung**, die in Portland keine Steuer enthält. An **Trinkgeld** werden ca. 20 % erwartet. Wenn man mit Kreditkarte bezahlt, addiert man das Trinkgeld zur Rechnung dazu (Spalte vorhanden), bei Barzahlung rundet man beim Zahlen ebenfalls entsprechend auf oder lässt (z. B. an der Bar) entsprechend Kleingeld liegen. **Das Einpacken von Essensresten** zum Mitnehmen ist selbst in einem Feinschmeckerrestaurant üblich.

Gastro- und Nightlife-Areale
Bläulich hervorgehobene Bereiche in den Karten kennzeichnen Gebiete mit einem dichten Angebot an Restaurants, Bars, Klubs, Discos etc.

Ausgewählte Lokale

In Portland dürfte es keine Küchenrichtung geben, die man nicht findet. Die ethnische Vielfalt ist groß, doch auch die „lokale" Oregon- bzw. Nordwestküstenküche ist höchst kreativ. Sie bedient sich vorwiegend lokaler bzw. regionaler Produkte (deren genaue Herkunft auf Speisekarten meist auch angegeben ist), „locally sourced" und oft „biologisch" *(organic)* bzw. aus tierfreundlicher Haltung und daher saisonal variabel. Beliebt sind *small plates* zum Teilen: Man bestellt mehrere kleine Gerichte und isst gemeinsam mit Freunden.

Folgende Websites helfen bei der Suche nach bestimmten Lokalen:

› www.travelportland.com/things-to-do/food-drink
› https://pdx.eater.com
› www.chowhound.com/portland

Sofern es nicht anders angegeben ist, haben die empfohlenen Lokale **zum Mittag- und Abendessen geöffnet**, auf Frühstück und lohnende Happy Hours wird separat hingewiesen. Wo eine **Reservierung** möglich bzw. nötig ist, werden zudem Telefonnummer angegeben. Manchmal kann auch über die Website reserviert werden.

▷ *Dafür lohnt es sich anzustehen: Food Carts sorgen für Vielfalt und Qualität beim Imbiss*

Restaurantkategorien

Richtwert für ein Hauptgericht mit Beilagen ohne Getränk und Trinkgeld

$	unter $25
$$	$25–35
$$$	ab $35

Northwest Kitchen

27 [bn] **23Hoyt** $$–$$$, 529 NW 23rd Ave., Tel. 503 4457400, www.23hoyt. com, Mo.–Fr. Lunch, tgl. Dinner, Sa./So. Brunch. Moderne Taverne in Nob Hill, in der mit regionalen Zutaten gekocht wird und es Tische im Freien gibt. Günstig mittags und zur Happy Hour!

28 [fk] **Aviary** $$$, 1733 NE Alberta St., Tel. 503 2872400, www.aviarypdx.com, tgl. Dinner. Ungewöhnliche und kreative Gerichte aus lokalen Produkten, kreative *small plates* wie knusprige Schweineöhrchen oder Oktopus. Verschiedenste Einflüsse, u. a. asiatisch und orientalisch. Gute Cocktails!

29 [A3] **Bluehour Restaurant** $$$, 250 NW 13th Ave., Tel. 503 2263394, www. bluehouronline.com, tgl. Dinner ab 17 Uhr, Barbetrieb und Happy Hour ab 16 Uhr sowie Weekend Brunch Sa./So. 10–15 Uhr. Schickes Restaurant mit innovativer Küche. Auch Livemusik.

30 [bn] **Fireside** $$, 801 NW 23rd Ave., Tel. 503 4779505, http://pdxfireside. com, Mo.–Fr. Lunch, tgl. Dinner, Happy Hour und Sa./So. Brunch. Gemütliche Atmosphäre und bodenständige, aber raffinierte Speisekarte. Gut sortierte Bar, v. a. Cocktails und lokale Biere.

31 [A5] **Higgins** $$–$$$, 1239 SW Broadway, Tel. 503 2229070, http://higgins portland.com, Mo.–Fr. Lunch, tgl. Dinner. Chefkoch Greg Higgins gilt als einer der Begründer der „Farm-to-Table"-Bewegung. Gemütliches Bistro, v. a. ideal zum (preiswerten) Mittagessen. Ein Tipp ist der Higgins-Burger.

32 [B2] **Park Kitchen** $$, 422 NW 8th St., http://parkkitchen.com, Di.–Sa. Dinner. In den North Park Blocks des Pearl District, mit ungewöhnlichem Konzept: Das Restaurantteam rotiert zwischen Küche und Gastraum und das Trinkgeld ist im Preis inbegriffen. V.a. kreative Gerichte zum Teilen, gut sortierte Bar und Happy Hour mit günstigen Snacks!

🚇**33** [C5] **Q Restaurant & Bar** $$-$$$, 828 SW 2nd Ave., Tel. 503 8508915, http://q-portland.com, Mo.–Fr. Lunch, tgl. Dinner. Saisonale Karte mit regionalen Zutaten, täglich wechselnd. Mitten im historischen Yamhill District und sehr beliebt. Besser reservieren!

Amerikanische Küche

❯ **Bagdad Theater Pub** $-$$. Zum Bagdad Theater (s. S. 76) gehöriges Lokal mit Bar, tgl. 11–mind. 24 Uhr, viele kleine Gerichte, Pizza, Burgers und Sandwiches. Tgl. Happy Hour 15–18 und ab 22 Uhr.

🚇**34** [A3] **Clyde Common** $$, 1014 SW Stark St. (ACE Hotel), Tel. 503 2283333, www.clydecommon.com., tgl. Dinner, Sa./So. 10–15 Uhr Brunch. Schön zur Happy Hour mit Snacks und günstigen Drinks an der Bar, die tgl. von 15 bis 18 Uhr stattfindet. Vielfalt an kleinen, international beeinflussten Gerichten. Im UG: Kellerbar/Speakeasy „Pepe Le Moko" (Zugang: 407 SW 10th Ave.) – Cocktails, Snacks und Austern.

🚇**35** [C3] **Dan & Louis' Oyster Bar** $$, 208 SW Ankeny St., Tel. 503 2275906, www.danandlouis.com. Seit 1907 in Besitz der Wachsmuth-Familie und ein Klassiker in Old Town. Bekannt für Fisch und Meeresfrüchte, v. a. Austern und „Seafood Fries".

🚇**36** [A2] **Irving Street Kitchen** $$-$$$, 701 NW 13th Ave., Tel. 503 3439440, www.irvingstreetkitchen.com, tgl. Dinner, Fr./Sa. 10–14.30 Uhr Brunch. „Neue amerikanische Küche" im Pearl District, gut zum Sehen und Gesehenwerden, v. a. zur tgl. Happy Hour (16.30–18 Uhr). Viele Gerichte zum Teilen, kreiert von Chefköchin Sarah Schafer.

🚇**37** [C4] **Mother's Bistro & Bar** $$, 212 SW Stark St./2nd Ave., Tel. 503 4641122, www.mothersbistro.com, tgl. außer Mo. Frühstück, Lunch und Dinner sowie eigene Kinderkarte! Hausmanns-

küche mit Klassikern wie Braten aus lokalen/regionalen Zutaten.

🚇**38** [bn] **Papa Haydn** $$, 701 NW 23rd Ave., Tel. 503 2287317, www. papahaydn.com. Gutes Essen, das verschiedene ethnische Einflüsse vereint, v. a. aber *der* Topspot für Desserts, Torten u. a. Süßes.

🚇**39** [A4] **Tasty n Alder** $$-$$$, 580 SW 12th Ave., Tel. 503 6219251, www. tastynalder.com, tgl. Brunch (9–14 Uhr) und Dinner sowie dazwischen Bar Menu. Modernes Steakhouse in Downtown, v. a. zum Brunch beliebt. Gute Getränkeauswahl. Besitzer John Gorham betreibt, mit ähnlichem Konzept, u. a. auch Tasty n Sons.

🚇**40** [dk] **Tasty n Sons** $$, 3808 N Williams Ave., Tel. 503 6211400, www. tastynsons.com. *Der* Treff für Brunch oder Cocktail in einem restaurierten alten Lagerhaus.

🚇**41** [A1] **The Daily Café** $-$$, 902 NW 13th St./Kearney, http://dailyinthepearl. com, Mo.–Fr. 7–16, Sa. 8–16, So. 8–15 Uhr. Besonders gut zum Frühstück (große Auswahl!), außerdem Sandwiches, Salate oder Quiches zum Lunch in gemütlicher Bistroatmosphäre.

❼**42** [dl] **The People's Pig** $-$$, 3217 N Williams Ave., Tel. 503 2822800, www.peoplespig.com, tgl. 11–21/22 Uhr, wochentags 15–18 Uhr Happy Hour. Paradies für Fleischesser, in dem wie in BBQ Joints gegrilltes/ geräuchertes Fleisch nach Gewicht serviert wird, z. B. Schweineschulter, Lamm oder Beef Brisket (Rinderbrust), auch als Sandwiches.

🚇**43** [F5] **Trifecta Tavern** $$, 726 SE 6th Ave., Tel. 503 8416675, www. trifectapdx.com. tgl. Dinner und Happy Hour. Ken Forkish ließ auf seine Bäckerei (338 NW 21st Ave.) und Pizzeria (304 SE 28th Ave.) diese gemütliche Taverne folgen, in der es viel aus dem Holzofen, Meeresfrüchte u. a. gibt.

Mexikanische Küche

44 [fj] **Autentica** $$, 5507 NE 30th Ave., Tel. 503 2877555, www.autentica portland.com, Di.–So. 17–22, Sa./So. Brunch 10–14 Uhr. Chefkoch und Besitzer Oswaldo Bibiano aus Guerrero verwendet überwiegend frische Zutaten aus Oregon, um typisch Mexikanisches wie Pollo en mole zu kochen.

45 [fk] **La Bonita** $, 2839 NE Alberta St., www.labonitapdx.com, tgl. 10–22 Uhr. Familienbetrieb, in dem es mexikanische Gerichte (auch vegan und vegetarisch) gibt: Tacos, Tamales, Burritos und gemischte Platten sowie Frühstück. Kein Alkohol!

46 [C3] **Mi Mero Mole** $, 32 NW 5th Ave., http://mmmtacospdx.com. Authentisch mexikanisches Streetfood in Old Town Chinatown. Preiswerte Tacos, Guisados (Eintöpfe), Tamales u. a. Tgl. Lunch und Dinner, Mo.–Fr. ab 7.30 Uhr Frühstück und 14–18 Uhr Happy Hour mit Margaritas.

47 [dl] **¿Por Qué No?** $, 3524 N Mississippi Ave., Tel. 503 4674149, www.porquenotacos.com. Vor allem vielerlei Tacos, dazu hausgemachte Soßen und Guacamole sowie Margaritas und Sangrías. Buntes, lebhaftes Lokal mit kleinem Innenhof. Filiale siehe Website.

Asiatische Küche

48 [F5] **Afuri** $–$$, 923 SE 7th Ave., Tel. 503 4685001, www.afuri.us. Japanisches Imbisslokal mit Ramen und Tsukemen (Nudeln) als Suppe oder Nudelgericht, heiß oder kalt. Auch Sushi und passende Cocktails.

49 [fk] **Bollywood Theater** $, 2039 NE Alberta St., Tel. 971 2004711, tgl. 11–22 Uhr, www.bollywoodtheaterpdx. com. Indisches „Streetfood" von Chef Troy MacLarty, gut und preiswert. Beliebt sind die Kati Rolls mit Käse- oder Fleischfüllung, Curries, aber auch viel Vegetarisches. Schön zum Draußensitzen. Filiale s. Website.

50 [gp] **Pok Pok** $, 3226 SE Division St., https://pokpokdivision.com. Chef Andy Ricker gilt als einer der besten Köche für Thai-Streetfood im Nordwesten. Zugehörig und gut zum Warten auf einen Tisch ist die Whiskey Soda Lounge.

51 [C3] **Red Robe Tea House** $$, 310 NW Davis St., Tel. 503 2278855, http://redrobeteahouse.com, Mo.–Sa. 11–20 Uhr. Ideal nach dem Besuch des

⌂ Indische Küche in der lockeren Atmosphäre des Bollywood Theater

Chinesischen Gartens! Abgesehen von exzellenten Tees gibt es kantonesische Gerichte wie Nudelsuppen.

52 [ek] **Tin Shed Garden Café** $, 1438 NE Alberta St., http://tinshedgardencafe. com, tgl. 7–15 Uhr Brunch, Di.–So. auch Dinner. Von der Thaiküche inspirierte Gerichte, v. a. aus Bioprodukten, z. B. Curries, aber auch Burger und Sandwiches. Beliebt zum Brunch, v. a. im Freien, dazu hundefreundlich.

Aus aller Welt

53 [ho] **Apizza Scholls** $$, 4741 SE Hawthorne Blvd., Tel. 503 2331286, www. apizzascholls.com, tgl. Dinner, Sa./ So. auch Lunch. Pizza kombinierbar aus beliebigen Zutaten, auch ungewöhnliche Varianten. Großer Andrang!

54 [bm] **Ataula** $$, 1818 NW 23rd. Pl., Tel. 503 8948904, www.ataulapdx.com. Spanische bzw. katalanische Küche, ungewöhnliche Tapas (gut zum Teilen für den Tisch) und Spezialitäten wie Paella mit modern-kreativem Touch.

55 [fj] **Beast** $$$, 5425 NE 30th Ave., im selben Haus wie Expatriate (s. S. 73), www.beastpdx.com. Kleines, gemütliches Lokal der vielfach ausgezeichneten Chefköchin Naomi Pomeroy, in dem es Mi. bis Sa. abends ausschließlich saisonale 6-Gänge-Menüs zum Festpreis von $ 125 gibt. Lohnend: der Sonntagsbrunch zu $ 40.

56 [C3] **Kasbah Moroccan Café** $, 201 NW Davis St., Tel. 971 5440875, Mo.–Do. 10–17, Fr./Sa. bis 20.30 Uhr. Marokkanisches „Streetfood" in einem kleinen, bunten, unkomplizierten Lokal in Old Town Chinatown, z. B. Tagines, Flatbreads, Bocadillos und Lamm-Würstchen.

57 [dk] **Lovely's Fifty-Fifty** $$, 4039 N Mississippi Ave., Tel. 503 2814060, Di.–So. 17–22 Uhr. Tolle dünne Pizza aus dem Holzofen und hausgemachtes Eis.

58 [dk] **Prost!** $$, 4237 N Mississippi Ave., Tel. 503 9542674 http:// prostportland.com, Mo.–Do. 11.30– 2.30, Fr./Sa. 11–2.30 Uhr. Deutsche Spezialitäten und Biere in gemütlicher Biergarten-Atmosphäre.

59 [fn] **Stammtisch** $$, 401 NE 28th Ave., Tel. 503 2067983, www.stamm tischpdx.com, Mo.–Do. 15–1.30, Fr. 11.30–1.30, Sa./So. 11–1.30 Uhr. Wer die deutsche Küche vermisst: Hier gibt es Schnitzel, Braten, Würste, Maultaschen und deutsche Biere. Selber Betreiber und ähnliche Speisekarte: **Old Town Brewing** $$ (s. S. 70), ausgezeichnete Pizza.

Food Halls, Märkte und Feinkost

61 [E4] **Olympia Provisions Public House Kitchen** $–$$, 107 SE Washington St., Tel. 503 9543663, www.olympiaprovisions. com, Mo.–Fr. Lunch, Sa./So. Brunch, tgl. Dinner. Angefangen als Wurstladen oder „Salumeria", gibt es heute außer Wurst- und Fleischspezialitäten in Bioqualität z. B. hausgemachte Pickles oder Pasteten, die auch in anderen Restaurants, an Imbisswagen und auf Märkten erhältlich. sind. Weitere Filialen finden sich auf der Website.

62 [gp] **Olympia Provisions Public House Eatery** $–$$, 3384 SE Division St., Tel. 503 3842259, tgl. Lunch und Dinner. Neuestes Olympia-Provisions-Lokal mit Brotzeiten und von deutscher Küche inspirierten Gerichten wie Gulasch, Schweinshaxe oder Schnitzel, dazu deutsche und lokale Biere vom Fass.

63 [C4] **Pine Street Market**, 126 SW 2nd Ave., www.pinestreetpdx.com. Food Hall in historischem Gebäude in Old Town Chinatown. Verschiedene Imbiss-Stationen wie Salt&Straw (Eis), Olympia Provisions (Wurstwaren), Bless Your Heart Burgers oder Smokehouse Tavern. Je nach Stand unterschiedliche Öffnungszeiten.

64 [C5] **Portland Food Hall,** 827 SW 2nd Ave., www.portlandfoodhall.com, Mo.– Sa. 11–21 Uhr. Neueste, noch kleine Foodhall mit The Whole Bowl oder Aiko Ramen.

65 Portland Mercado, 7238 SE Foster Rd., www.portlandmercado.org, So.–Do. 10–20, Fr./Sa. bis 21 Uhr. Abteilungen wie Metzger, Kaffeerösterei, Bäckerei und Lebensmittelmarkt. Mexikanisches Gebäck und frisches Obst, Würste, Chilis und mexikanische Schokolade, aber auch Wein, Bier oder Sangría im Getränkeshop Barrio. Im Außenbereich wechselnde lateinamerikanische Food Carts.

Lecker vegetarisch und vegan

Food Cart Pods (s. S. 64) bieten immer vegetarische/vegane Optionen und auch sonst besteht im innovativen PDX kein Mangel an gesundem Essen.

71 [fk] **Back to Eden Bakery,** 2215 NE Alberta St., www.backtoedenbakery. com, tgl. 9–21 Uhr. Café-Bistro, alles 100 % vegan und glutenfrei.

❭ Bollywood Theater (s. S. 61)

72 [go] **Harlow** $-$$, 3632 SE Hawthorne Blvd., Tel. 971 2550138, www. harlowpdx.com, Mo.–Sa. 8–21, So. 8–15 Uhr. Vegetarisch und glutenfrei sowie Rohkost für Gesundheitsbewusste, dazu Smoothies und Säfte.

73 [B3] **Prasad** $, 925 NW Davis St., Tel. 503 2243993, www.prasadpdx. com, Mo.–Fr. 7.30–20, Sa./So. ab 9 Uhr. Frische, gesunde Küche mit Superfoods, ohne Fleisch, auch glutenfrei und vegan. Getränkekarte mit Säften und Smoothies.

74 [ek] **The Bye and Bye** $, 1011 NE Alberta St., Mo.–So. 12–2 Uhr. Gesunde, vegetarische und vegane Gerichte, Sandwiches u. a., dazu gute Cocktails und Biere. In hippem Garagen-Ambiente mit Hinterhof zum Sitzen.

Smoker's Guide

Gemäß dem Oregon Indoor Clean Air Act von 1981 darf weder am Arbeitsplatz noch in öffentlichen Gebäuden geraucht werden. Man muss mind. 3 m von einem öffentlichen Eingang/Fenster/Ventilationssystem entfernt sein. Auch in städtischen und anderen Parks ist Rauchen aller Art - Tabak, E-Zigaretten, Marihuana und Wasserpfeifen - verboten. Erwerb und Konsum von Tabak u. a. sind erst ab 21 Jahren erlaubt.

Dafür gibt es in PDX viele Kneipen, Food Cart Pods, Pubs und Bars mit Outdoor Patio (Sitzareal im Freien), wo das Rauchen (kein Cannabis!) erlaubt ist. Solche Orte erkennt man im Allgemeinen leicht an Aschenbechern auf den Tischen. Auch „Smoke Shops" (Tabakläden) sind Anlaufpunkte für Raucher.

*Beliebte **Treffs für Raucher** sind z. B.:*

60 *[cm] **Paymaster Lounge,** 1020 NW 17th Ave., www. paymasterlounge.com. Hipp und überdacht.*

❭ *Greater Trumps im Bagdad Theater (s. S. 76). Hier ist Zigarrenrauchen erlaubt und dazu gibt es Portweine, Whiskeys und andere Spirituosen.*

*Seit 2015 ist **Marihuana** in Oregon in sogenannten „Dispensaries" frei verkäuflich. Sie tragen oft kreative Namen und sind mit einem grünen Kreuz markiert. Es liegen kostenlos etliche Magazine zum Thema aus und es gibt einen Lieferservice.*

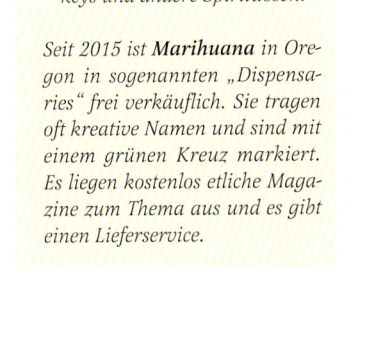

Lokale mit Ausblick

> Departure Restaurant + Lounge $$$, im Hotel The Nines (s. S. 125), Tel. 503 8025370, http://departureportland. com, tgl. Dinner und ab 16 Uhr Barbetrieb (Happy Hour!). Dachterrasse mit Ausblick und asiatischer Küche, auch Tasting Menus, glutenfreie und vegane Gerichte.

66 [C3] Portland City Grill $$$, 111 SW 5th Ave., Tel. 503 4500030, https:// portlandcitygrill.com. Fine Dining im 30th floor eines modernen Hochhauses. Asiatisch inspirierte Küche, auch Steaks, Suppen und Salate sowie amerikanische Klassiker.

Für den späten Hunger

67 [C5] Luc Lac $-$$, 835 SW 2nd Ave., Tel. 503 2220047, http://luclackitchen. com, So.–Do. 11–24, Fr./Sa. bis 4 Uhr. Vietnamesische Küche und Cocktails.

> Stammtisch (s. S. 62) und Prost! (s. S. 62), deutsche Küche bis zum frühen Morgen

68 [A3] The Roxy $, 1121 SW Stark St., Di.–So. 24 Std. geöffnet, ganztägig Frühstück, kein Alkohol, dafür Jukebox und günstige Preise.

> The Bye and Bye (s. S. 63), tgl. bis 2 Uhr, vegetarische Gerichte

> Voodoo Doughnut (s. S. 67), rund um die Uhr geöffnet

Dinner for one

In Portland gibt es dank der Vielfalt an Restaurants für Alleinreisende überhaupt kein Problem, etwas Passendes zu finden. Angenehm ist, wenn man im Barbereich sitzt, wo meist auch Essen serviert wird. Geeignet wären z. B.:

69 [fn] Navarre $-$$, 10 NE 28th Ave., Tel. 503 2323555, www.navarreportland. com, tgl. Dinner, Sa./So. Brunch. Gute Weinliste und lange Tische, an die sich jeder setzen kann.

70 [dk] Radar $$, 3951 N Mississippi Ave., Tel. 503 8416948, http://radar pdx.com, tgl. Dinner, Sa./So. Brunch. Kleine Tische und viel Platz an der Bar.

75 [A2] The Whole Bowl, 1100 NW Glisan St., www.thewholebowl.com, Mo.–Fr. Lunch. Vegetarische u. a. gesunde Schüsselgerichte mit Reis, Bohnen, Avocado, Oliven, Käse etc. Auch in der Portland Food Hall und weitere Filialen (s. Website).

Food Cart Pods

Mehr als in jeder anderen amerikanischen Stadt prägen **mobile (Gourmet-)Imbissstände** das Bild. Es sind keine Trucks, sondern „carts", Wagen, die (oft für längere Zeit) auf ausgewiesenen Plätzen aufgestellt sind. Sie bilden ein „Imbissdorf" („pod" steht für „Ansammlung") auf leeren Grundstücken oder Parkplätzen mit gemeinsamem Sitzareal und manch-

mal auch einer Bühne. Rund 400 solcher *carts* sollen regelmäßig in Portlands Großraum zur Verfügung stehen.

An manchen Stellen wechselt das Angebot, manchmal täglich, und *pods* ziehen gelegentlich um. Einzelne stehen z. B. vor Brauereien oder Lokalen, die keine Speiselizenz haben, im Flughafen PDX und auf dem Pioneer Square.

Die **Öffnungszeiten** sind je nach Ort unterschiedlich. In der Regel ist ab ca. 11 Uhr geöffnet, dann aber je nach Standort und Klientel (z. B. Geschäftsleute) nur bis zum frühen Nachmittag oder aber bis abends. Das Angebot ist vielfältig, kreativ und von hoher Qualität. Im Detail informieren:

❯ www.foodcartsportland.com (mit Karten und Touren)
❯ www.travelportland.com/collection/food-carts (Hinweis auf Touren).

❶76 [B4] **Alder Pod,** SW Alder/10th Ave. Größter Food Cart Pod in PDX. Unter anderem The Frying Scotsman (Fish & Chips), The Whole Bowl (vegetarisch), Nong's Khao Man gai's (Thai, Huhn & Reis), Bing Mi! (chinesisch).

❶77 Cartlandia, 8145 SE 82nd Ave. „Fressdorf" an einer beliebten Bike-Route, über 30 Verkäufer, u. a. The Blue Room – eine Bar mit 18 Bieren und Cidres vom Fass –, Voodoo Doughnut sowie Lobster-Stände. Livekonzerte am Abend.

❶78 [eo] **Cartopia,** 1207 SE Hawthorne Blvd. Mit überdachtem und beheizbarem Sitzareal, geöffnet bis spätabends bzw. frühmorgens. Unter anderem **Potato Champion** (Pommes & Poutine), Pyro Pizza, Perierra Crêperie, Chicken and Guns, Hungry Heart Cupcakes. Gegenüber: Lardo (s. rechts).

❶79 [B4] **Fifth Avenue Food Cart Pod,** SW 5th Ave./Oak St. Nur an Werktagen, v. a. für den schnellen Lunch, nahe Pioneer Courthouse Sq. Gutes indisches, koreanisches und Thai-Angebot.

❶80 [dk] **Mississippi,** 4233 N Mississippi Ave., tgl. 8–19 Uhr. Unter anderem stehen hier Hash It Out, Matt's BBQ, Koi Fusion's (koreanische Tacos). Benachbart: Prost! (s. S. 62).

❶81 [co] **Portland State University Food Cart Pod,** SW 4th Ave./College St. Unter anderem Portland Soup Company, Nong's Khao Man Gai. Vor allem mittags ideal.

❶82 [C4] **Third Avenue Food Cart Pod,** SW 3th Ave. (SW Washington–Stark St.), nur an Werktagen und v. a. mittags lohnend. Mit DC Vegetarian (vegane und vegetarische Burger & Sandwiches), aber auch mexikanische, ägyptische und vietnamesische Küche.

Sonstige Imbisse

❶83 [B3] **Bunk Sandwiches,** 211 SW 6th Ave. (Downtown), www.bunksandwiches.com, Mo.–Fr. 8–15, Sa. 9–15 Uhr. Frühstück und sättigende kreative Sandwiches wie „Pork Belly Cubano", Suppen und Salate. Mehrere Filialen.

❶84 [C3] **Floyd's Coffee Shop,** 118 NW Couch St., Mo.–Fr. 7–18, Sa. 7.30–17, So. 8–17 Uhr. Ideal zum Frühstück mit Breakfast Burritos u. a., dazu Coava Coffee (s. S. 66).

❶85 [A3] **Lardo,** 1205 SW Washington St., Tel. 503 2412490, http://lardosandwiches.com, tgl. 11–22 Uhr. Ursprünglich Imbisswagen, jetzt ein Lokal, berühmt für Sandwiches mit allerlei vom Schwein, dazu Backwaren der Dos Hermanos Bakery, Filiale s. Website

❶86 [gp] **Little Big Burger,** 3810 SE Division St., www.littlebigburger.com, tgl. 11–22 Uhr. „Gourmet-Burger", frisch und aus lokalen Zutaten zubereitet, dazu Trüffelöl-Pommes und Root beer. Weitere Filialen s. Website.

❶87 [C4] **Portland Burger,** 304 SW 2nd Ave., Mo.–Do. 11–22, Fr./Sa. bis 24, So. 11–20 Uhr. Einfallsreiche Burger und Hot Dogs und dazu interessante „Shakes" (auch mit Alkohol). Nahe Pioneer Square.

☑ *Wer die Wahl hat, hat die Qual – Imbissstände im Alder Pod*

032pp-mb

O.3spo·tp

88 [go] **The Waffle Window**, 3610 SE Hawthorne Blvd., https://wafflewindow.com, tgl. 8–18, Fr./Sa. bis 20 Uhr, Winziger Imbiss, ideal für ein schnelles Mittagessen oder spätes Frühstück. Salzige und süße Waffeln mit kreativen Belägen/Soßen. Filiale s. Website.

Kaffeeröstereien

Kaffeekultur wird in Portland zelebriert und es gibt viele Kaffeeröstereien. In diesen gibt es zum Kaffee oft Backwerk lokaler Bäckereien. Die meisten der unten genannten Cafés öffnen früh, sind also gut, um den **ersten Morgenkaffee** zu trinken bzw. zum Frühstück.

89 [A4] **Case Study Coffee**, 802 SW 10th Ave., www.casestudycoffee.com, 7/8–18 Uhr. Hippe Kaffeerösterei mit verschiedenen Filialen. Einladend warmes Ambiente.

90 [F6] **Coava Coffee Roasters – Public Brew Bar & Roastery**, 1015 SE Main St., www.coavacoffee.com, Mo.–Sa. 8–14 Uhr. Der Hauptsitz der Firma mit Kaffeerösterei (Verkostungen und Führungen), wo auch *single origins* entstehen.

91 [F6] **Coava Coffee Roasters**, 1300 SE Grand Ave., wochentags ab 6 Uhr (sonst ab 7 Uhr). Kaffee und gutes Gebäck.

92 [B3] **Courier Coffee Roasters**, 923 SW Oak St., Mo.–Fr. 7–18, Sa./So. 9–17 Uhr. Kaffeebar mit exquisiten Kaffees und kenntnisreichen Angestellten.

93 [B4] **Spella Caffè**, 520 SW 5th Ave., www.spellacaffe.com, Mo.–Fr. 7.30–15.30 Uhr. Italienische „Old-school"-Kaffeerösterei, viele Espressi, aber auch andere Sorten. Gebäck von Fleur de Lis (s. S. 67).

94 [C3] **Stumptown Coffee Roasters**, 128 SW 3rd Ave., www.stumptowncoffee.com. 1999 von Duane Sorensen gegründete Rösterei, die dank der hohen Qualität schnell Kultstatus erreichte. 2015 kaufte man die bekannte kalifornische Kette Peet's Coffee. Initiatoren der „Third Wave of Coffee", wonach

◺ *Kaffeekultur wird in Portland großgeschrieben*

▹ *Donuts wurden in Portland genau wie Kaffee zur „Kunstform" erhoben*

Kaffee als Genussmittel nur aus besten Rohstoffen und in Handarbeit entstehen darf. Mehrere Filialen.

⊖**95** [F6] **Water Avenue Coffee Co. Roasting Warehouse**, 1215 SE 8th Ave., https://wateravenuecoffee.com, So.–Do. 8–16 Uhr Röstung, Café und Verkauf. Es gibt mehrere weitere Filialen, in denen der Kaffee ausgeschenkt wird und es dazu Gebäck gibt, z. B.:

⊖**96** [E5] **Water Avenue Coffee Co.**, 1028 SE Water Ave., tgl. 7–18 Uhr

Bäckereien und Cafés

⊖**100** [gm] **Fleur de Lis Bakery & Cafe**, 3930 NE Hancock St., Mo.–Fr. 7–16, Sa./So. 8–15 Uhr. Französische Bäckerei, spezialisiert auf Baguette, Croissants u. Ä., Lunch-Karte und Weekend Brunch. Das Backwerk gibt es auch im Spella Caffè (s. S. 66).

⊖**101** [bn] **Ken's Artisan Bakery**, 338 NW 21st Ave., Mo.–Sa. 7–18, So. 8–17 Uhr. Ken Forkish bietet neben Broten (Baguettes), Croissants u. a. Gebäck auch Salate und Suppen zum Lunch. Kleiner Sitzbereich.

⊖**102** [A1] **Lovejoy Bakers**, 939 NW 10th Ave., tgl. 6–17 Uhr. Suppen, Salate und Sandwiches mit hausgebackenen Broten, Baguettes und Brioches. Auch das süße Gebäck ist himmlisch!

⊖**103** [B3] **Maurice**, 921 SW Oak St., Di.–So. 10–16 Uhr. Café-Bistro mit viel gutem Backwerk, Süßem und Mittagessen.

⊖**104** [B3] **Pearl Bakery**, 102 NW 9th Ave., tgl. 6.30–16 Uhr. 1997 eröffnet und vielfach ausgezeichnet, gibt es hier neben sehr gutem Brot auch Gebäck aus regionalen und großteils Biozutaten, außerdem Sandwiches.

⊖**105** [fk] **Pine State Biscuits**, 2204 NE Alberta St., tgl. 7–15 Uhr. Buttrige *biscuits* (weiches, ungesüßtes Gebäck), die belegt werden, außerdem tolle *pies* (Pasteten). Viel Andrang!

EXTRATIPP

Ein Donut zum Kaffee

⊖**97** [go] **Blue Star Donuts**, 3549 SE Hawthorne Blvd.,www.bluestardonuts.com, tgl. 8–20 Uhr, mehrere weitere Filialen, auch am Flughafen. Gourmet-Donuts, die ihren Preis haben, z. B. Raspberry Rosemary Buttermilk, Blueberry Bourbon Basil, Cointreau Creme Brulee oder Real Maple Bacon.

⊖**98** [B4] **Coco Donuts**, 814 SW 6th Ave., werktags 6–17, Sa. 7–16 Uhr, http://cocodonuts.com. Seit 2013 gehört zur Bäckerei eine eigene Kaffee-rösterei. Sehr kreative Donuts, preislich zwischen Blue Star und Voodoo. Mehrere Filialen.

⊖**99** [C3] **Voodoo Doughnut**, 22 SW 3rd Ave., Old Town Chinatown (Stammladen), www.voodoodoughnut.com, 24 Std. geöffnet, weitere Filialen. Kultiger Donut-Shop, mit dem Kenneth Pogson und Tres Shannon 2003 einen neuen Trend einläuteten. (Preiswerte) Donuts in höchst ungewöhnlichen Varianten, in pinke Boxen verpackt. Man unterscheidet klassische Hefe- und Rührteig-Donuts, außerdem gibt es vegane. Unterschiedliche Glasuren bzw. Dekorationen und Füllungen. Immer viel Andrang!

036po-mb

Eiscreme

○106 [dk] **Ruby Jewel Scoops**, 3713 N Mississippi Ave., www.rubyjewel.com, tgl. 12–mind. 21 Uhr, zwei weitere Filialen. Gourmet-Eiscreme, z. B. Karamel mit Meersalzschokolade und Lavendel, dazu Toppings wie Rosmarin-Pecans. Kunstvoll präsentiert in Kugelform oder als Eis-Sandwich.

○107 [fk] **Salt and Straw**, 2035 NE Alberta St., mehrere Filialen s. https://saltandstraw.com, tgl. 11–23 Uhr. Gourmet-Eis, „farm-to-cone", zugleich Bäckerei. Neben klassischen Sorten auch ungewöhnliche „Guest Chef"-Varianten.

EXTRATIPP

Für Teetrinker

○108 [E4] **Steven Smith Teamaker**, 110 SE Washington St., http://smithtea.com. Filiale s. Website. Gründer von Tazo Tea, kleiner Laden mit Tee-Bar und vielen eigenen Mischungen. Tasting im Rahmen der Big-Foodie-Touren (s. S. 119).

Ein weiterer großer Produzent mit mehreren Läden und Teebars ist **Townshend's**:

○109 [fk] **Townshend's Alberta Street Teahouse**, 2223 NE Alberta St.

○110 [dk] **Townshend's Mississippi Ave Teahouse**, 3917 N Mississippi Ave.

038po-mb

Portland am Abend

Portland ist weniger eine Stadt der großen, teuren und schicken Klubs oder Discos, sondern eher bekannt für gemütliche Brewpubs und Orte für Livemusik. Speziell die innovative Musikszene lohnt sich! Im Sommer trifft man sich in den Food Cart Pods (s. S. 64), auf den Patios der Pubs, sitzt vor Cafés oder Bars oder in „Biergärten". Beliebt sind die Happy Hours, bei denen es Getränke und Häppchen zu günstigen Preisen gibt. Die Vergnügungsviertel der Stadt mit Kneipen, Cafés, Pubs und Musikspots konzentrieren sich in der Central Eastside (s. S. 30), am SE Hawthorne Blvd., im Old Town Historic District ❼ (um die SW Ankery St.), im Pearl District ⓬ und auf dem Nob Hill ⓯. Auch der Alberta Arts District ㉑ (N Alberta St.) hat einiges zu bieten.

❯ Infos: www.travelportland.com/collection/nightlife

Brewpubs/Breweries

Allein auf dem Stadtgebiet von Portland soll es derzeit mehr als 80 Craft Breweries (Kleinbrauereien) bzw. Brewpubs geben. Lediglich der Großraum Seattle-Tacoma oder das „Denver Beer Triangle" (Denver-Boulder-Fort Collins) haben noch mehr aufzuweisen. Die meisten Brauereien betreiben Pubs, in denen (meist günstiges und gutes) Essen angeboten wird. Standards sind z. B. Chicken Wings, Burger, Nachos, Pizza, Sandwiches oder Salate, vielfach gibt es aber volle Menüs.

◁ *Teevielfalt zum Riechen und Schmecken gibt es bei Steven Smith Teamaker*

Einige Brauereien schenken aber auch nur ihr Bier in einem Tasting Room aus und füllen **Crowler** (Dosen mit 0,95 l) oder **Growler** (1,9-l-Gefäße zum Nachfüllen) ab. Manchmal steht ein Imbisswagen vor dem Gebäude. Meist haben Brauereien **von mittags bis spätabends geöffnet** und man bestellt im Allgemeinen ein **Pint (0,47 l)** bzw. macht vorweg ein *Tasting* mit mehreren kleinen Gläschen.

› Allgemeine Informationen unter: www.portlandbeer.org und http://oregoncraftbeer.org, www.travel portland.com/collection/beer sowie www.brewvana.com/breweries

⊖**111** [A1] **BridgePort Brewpub,** 1313 NW Marshall St., http://bridgeportbrew. com. In einer alten Seilfabrik im Pearl District, mit Bäckerei, aus der der Pizza-teig mit Bierhefe fürs Restaurant stammt. Bekannt für die Ales.

⊖**112** [F3] **Burnside Brewing Co.,** 701 E Burnside St., www.burnsidebrewco. com. In dem historischen Gebäude gibt es nicht nur Bier, sondern auch „Fine Dining". Viele fruchtige Biere, auch gutes Helles.

⊖**113** [fn] **Coalition Brewing,** 2705 SE Ankeny St., www.coalitionbrewing. com. Interessante Mini-Brauerei, die kein Essen, aber höchst kreative Biere serviert.

⊖**114** [fn] **Culmination Brewing Co.,** 2117 NE Oregon St., http://culmination brewing.com. Abenteuerliche Biere wie Sours, Barrel-aged, „Saison" (belgisches Ale), Radler, Rauch-Helles. Auch Brot-zeitplatten oder Sandwiches.

⊖**115** [dl] **Ecliptic Brewing,** 825 N Cook St. (Mississippi/Williams), http://ecliptic brewing.com. Braumeister John Harris ist Amateur-Astronom (daher die Bier-namen!) und war bei McMenamins, Deschutes und Full Sail tätig. Barrel-aged-Biere mit ungewöhnlichen Zutaten und viele Ales, z. B. Orbiter IPA!

⊖**116** [dl] **Ex Novo Brewing Co.,** 2326 N Flint Ave., www.exnovobrew.com. Viele sehr gute IPAs, außerdem Scotch Ale, dazu gutes, handfestes Essen. Die

⌂ *Gemütlich trinken (und essen) kann man im Pub der Laurelwood Brewery (s. S. 70)*

041po-mb

Gewinne werden komplett für wohltätige Zwecke verwendet.

🕐**117** [fk] **Great Notion Brewery**, 2204 NE Alberta St., http://greatnotionpdx.com. Berühmt für Sours (teils 9–24 Monate in Eichenfässern und versetzt mit Oregon-Früchten), Stouts aus dem Eichenfass und Hazy IPAs (ein weiterer Trend!).

🕐**118** [E5] **Hair of the Dog Brewing**, 61 SE Yamhill St., https://hairofthedog.com. Eine der älteren „Pionier-Brauereien" in PDX, gegründet 1993 von Alan Sprints, der mit seinen Barley Wines bekannt wurde. Volle Speisekarte.

🕐**119** [dk] **Hopworks BikeBar**, 3947 N Williams Ave., https://hopworksbeer.com. Wie der Name sagt, ist die BikeBar für Radler ausgerüstet, z. B. mit Werkzeugen und Fahrradabstellplätzen. Zudem ist sie familienfreundlich, auch was die Speisekarte angeht (Pizza, Burger etc.). Viele Ales/IPAs, auch „organic".

🕐**120** [hl] **Laurelwood Brew Pub**, 5115 NE Sandy Blvd., www.laurelwoodbrewpub.com, Filialen s. Website. 2001 von Mike De Kalb und Frau Cathy gegründet.

🔲 *Im Brewpub der Lompoc-Brauerei wird nicht nur das beliebte Kölsch ausgeschenkt*

Gemütlicher Pub mit sehr guter Speisenauswahl. Raspberry Wheat und Golden Ale probieren!

🕐**121** [dk] **Lompoc Brewing – 5Q/Fifth Quadrant**, 3901 N Williams Ave., www.lompocbrewing.com. Benannt nach einem Spitznamen für North Portland. Seit 1996 wird hier Bier gebraut. Beliebt ist z. B. „Lompocker", ein Kölsch-ähnliches Bier, dazu gibt es Burger und Sandwiches. Mit Patio zum Draußensitzen und der angegliederten **Sidebar.**

🕐**122** [F6] **Lucky Labrador Brew Pub**, 915 SE Hawthorne Blvd., https://luckylab.com, vier Niederlassungen. Dieses alte Lagerhaus war 1994 der Ort der Gründung. Bunt gemischte Speisekarte (auch Vegetarisches und die legendäre Peanut Sauce), Events wie Dogtoberfest und Livemusik sowie interessante Biere, z. B. Black Lab Stout, Hawthorne's Best Bitter und König's Kölsch.

🕐**123** [C3] **Old Town Brewing**, 226 NW Davis St., www.otbrewing.com, tgl. 15–18 und ab 21 Uhr Happy Hour. Im historischen Merchant Building in Old Town Chinatown, in dem angeblich Geister spuken sollen. Neben Kölsch, Lager und IPA u. a. auch gute Pizza. Filiale: 8309 N Lombard St.

🕐**124** [C2] **Pints Brewing Company**, 412 NW 5th Ave., www.pintsbrewing.com. Geniales Konzept: morgens Café (mit hausgeröstetem Kaffee), dann Brewpub mit Patio zu Draußensitzen. Mini-Brauerei, die 2012 im Old Town Chinatown eröffnete. Gute IPAs, z. B. Seismic IPA.

🕐**125** [dl] **StormBreaker Brewing**, 832 N Beech St., www.stormbreakerbrewing.com, 832 N Beech St. Gemütlich mit Feuerstelle und Patio. 2014 von zwei Bierliebhabern gegründet. Hopfige IPAs wie Cloud Ripper oder leichtes Pale Ale (Right as Rain), dazu wechselnde experimentelle Biere.

🕐**126** [F5] **The Commons Brewery**, 630 SE Belmont St. Bekannt für das Urban

Farmhouse Ale, zwölf Biere vom Fass. Mit „Cheese Annex", aus dem die Käse- und Wurstplatten kommen.

◯127 [dm] **Upright Brewing**, 240 N Broadway, Zugang: Wheeler St., www.uprightbrewing.com, Do./Fr. 16.30–21, Sa./So. 13–20 Uhr. Minibrauerei im Keller. Vor allem Biere im Stil klassischer französischer und belgischer Farmhouse Ales. Kein Essen, nur Tasting Room in der Brauerei, dazu lokale Kunst und Delta Blues live an Sonntagen.

◯128 [A3] **Von Ebert Brewing**, 131 NW 13th St., http://vonebertbrewing.com. Gemütlicher, heller Brewpub mit gutem Essen, der 2018 im Pearl District eröffnet wurde. Es wird (noch) viel experimentiert und daher ist die Auswahl an Bieren groß, viele im belgischen Stil (Sours), IPAs (Hazy IPA) sowie glutenfreies Bier.

Craft Brewery, Microbrewery, Brewpub?

Die Begriffe verwirren, zumal sie je nach Bundesstaat unterschiedlich definiert werden. Im Allgemeinen gilt, dass „Brewpubs" Kneipen mit angeschlossener Kleinbrauerei sind, die weniger als 50 % ihrer Produktion außerhalb des hauseigenen Lokals verkaufen. „Microbreweries" vertreiben dagegen über die Hälfte ihres Ausstoßes auf dem freien Markt.

*Kleinbrauereien werden in der Brewers Association als „Craft Breweries" geführt. Um sich von den „Giganten" abzusetzen, gibt es **drei Kriterien** für eine Craft Brewery: die Jahresproduktion darf bis 9,5 Mio. Hektoliter betragen, nur ein Viertel der Brauereianteile dürfen einem Konzern gehören und das hergestellte Produkt darf - entsprechend dem Bayerischen Reinheitsgebot von 1516 - prinzipiell nur aus Wasser, Malz, Hopfen und Hefe bestehen. In den ganzen USA existieren mehr als 6200 Craft Breweries, die meisten in Kalifornien (2017: 764), Washington (369) und Colorado (348), in Oregon sind es mehr als 260.*

*Hell und Dunkel, Pils und Export, Weizen und Lager - darauf beschränkt man sich längst nicht. Gerade in Oregon wird **viel experimentiert** und manchmal werden zehn bis zwan-zig Sorten nebeneinander produziert. Je nach Ausbildung (viele Braumeister haben sich in Bayern, England, Belgien oder Tschechien umgesehen), persönlichen Präferenzen, Publikum oder Lokalität, kann die Palette von verschiedenen Ale-Sorten über Stout und Porter bis hin zu saisonalen Spezialitäten wie „Saison" (nach belgischer Brauart hergestellt, auch „Farmhouse Ale" genannt), Zwickel-, Festbier oder Bock reichen. Um den Ausstoß zu beschleunigen, sind **obergärige Biere** (wie Ales, Porter, Stout, Wheat), die schneller produziert werden können, oft in der Mehrzahl. Zu den **beliebtesten Sorten in Amerika** gehören hopfenbetonte IPAs - kurz für „India Pale Ale" - die es in unzähligen Varianten gibt. Dabei entsteht der Geschmack nicht durch Aromen oder Zusätze, sondern hängt vom verwendeten Aromahopfen und dem Zeitpunkt seiner Zufügung ab. Neue Trends sind „**Hazy IPAs**" (unfiltriert), die **fruchtig-leichten „Sour Beers"**, angelehnt an belgische Biere wie „Geuze" oder das berühmte Gose aus Sachsen, sowie „**Barrel-aged**"-Biere, die durch Lagerung in diversen Fässern verfeinert werden.*

❯ *Tipp: Touren von Brewvana (s. S. 118)*

🕑**129** [dl] **Widmer Brothers Pub**, 955 N Russell St., https://widmerbrothers.com. Alter Hase im Geschäft: 1984 durch Kurt und Rob Widmer (mit deutschen Wurzeln) im Stil eines alten Münchner Wirtshauses (mit Biergarten) eröffnet. Serviert wurden damals nur Altbier und Hefeweizen – Letzteres führten die Widmers in Amerika neu ein. Heute breite Bierpalette, Snacks und „Daily Specials", außerdem Brauereitouren.

Nightlife

Old Town Chinatown 🟧**9** nennt sich auch „Portland's Entertainment District" und hat eine bunte Szene an Klubs und DJs, Cocktailbars und anderem Entertainment zu bieten. Freitags und samstags nach 22 Uhr wird das Areal zwischen W Burnside St., NW Everett St., NW 2nd Ave. und NW 4th Ave. für den Durchgangsverkehr gesperrt und verschmilzt mit der SW Ankery St. zur **„Partymeile" und Fußgängerzone.**

Klubs und Discos

⊕**130** [C3] **Fortune**, 329 NW Couch St., www.fortunepdx.com, Di.–Sa. 20–2 Uhr. Hippe Lounge mit Top-DJs, in der auch gutes Essen und schicke Cocktails serviert werden.

⊕**131** [C3] **Ground Kontrol Classic Arcade**, 115 NW 5th Ave., tgl. 12–2.30 Uhr, https://groundkontrol.com. Spielearkade mit Videospielen, Flippern und voller Bar (auch Essen). Dazu legen DJs auf und es gibt Shows, Spielwettbewerbe, Karaoke u. a.

⊕**132** [C3] **Jones Retro Dance Club**, 107 NW Couch St., http://jonesbarportland.com, Do.–Sa. 20–2.30 Uhr. Tanzklub im Retrostil mit Speisekarte und Musik der 1980er- und 1990er-Jahre. Lokale und nationale DJs, auch Essen, z. B. auf der Terrasse.

⊕**133** [C3] **Tube**, 18 NW 3rd Ave., http://tubepdx.com, Di.–So. 20–2 Uhr. Ungewöhnliche Kombination aus Klub und schicker Kunstbar mit trendigem Publikum. Hip-Hop, Punk, Garage, Darkwave.

Livemusik

⊕**134** [em] **Black Water Bar**, 835 NE Broadway, Tel. 503 2810439, www.blackwaterpdx.com, tgl. 17–1, Sa./So ab 11 Uhr, Bands und Zeiten s. Website. Portlands Flagship in Sachen Punk und Metal, dazu veganes/vegetarisches Lokal mit Bar.

⊕**135** [F3] **Doug Fir Lounge**, 830 E Burnside St., Tel. 503 2319663, www.dougfirlounge.com, Lokal ab 7 Uhr (zum Frühstück) geöffnet, Bar/Lounge (mit Happy Hour) tgl. bis 2 Uhr geöffnet. In der

◁ *Ideal für einen Absacker: der Bagdad Theater Pub (s. S. 60), Teil des gleichnamigen Kinos (s. S. 76)*

trendigen East Side, angrenzend an das ebenfalls hippe Hotel Jupiter (s. S. 121). Bekannt für Indie Rock, mehrmals wöchentlich Livemusik auf einer Bühne, die für ihre Akustik gerühmt wird.

136 [fn] **Goodfoot**, 2845 SE Stark St., Tel. 503 2399292, http://thegoodfoot. com, tgl. 7–2.30 Uhr. Soul, Funk und R&B, Partys mit DJs (Disco und Soul), Groove-Bands. „I love Mondays“-Musikserie mit verschiedenen Bands bei $ 5 Eintritt. Außerdem Billardsalon.

137 [go] **Hawthorne Theatre & Lounge**, 1507 SE 39th Ave., Tel. 503 2337100, http://hawthornetheatre.com, 17 Uhr bis Mitternacht. Livemusik im historischen Hawthorne Masonic Building, einem Freimaurer-Treff aus den 1920er-Jahren. Seit 2005 Rockklub, aber auch Heavy Metal, Comedians, Kunstausstellungen und Dance Nights. Mit Lounge, in die nur Über-21-Jährige eingelassen werden.

138 [F5] **Holocene**, 1001 SE Morrison St., Tel. 503 2397639, www.holocene. org. Mitten in angesagten Südosten, in einem altem Autoteilelager. Hippe Partys, Disco/Techno, Indie Pop live auf zwei Bühnen. Barbetrieb und kleine Speisekarte.

139 [fn] **Laurelthirst Public House**, 2958 NE Glisan St., Tel. 503 2321504, https://laurelthirst.com, Mo.–Fr. ab 16, Sa./So. ab 11 bis mind. 24 Uhr. Bluegrass und Jazz, Oldies und Americana. Beliebter Treff der Locals zu abendlicher Livemusik und lokalen Bieren sowie handfester Küche.

140 [dl] **The Secret Society**, 116 NE Russell St., Tel. 503 4933600, www. secretsociety.net. Legendäres Ambiente: ein viktorianisches Gebäude von 1907, in dem sich Cocktail Lounge (So.–Do. 17–24, Fr./Sa. bis 1 Uhr), Wonder Ballroom und Recording Studio sowie Toro Bravo Restaurant befinden. Vor allem Fr./Sa. Livemusik im Ballroom bei günstigem Eintritt.

141 [C3] **Valentine's**, 232 SW Ankeny St., Tel. 503 2481600, www.valentinespdx. com. Treff und Hangout in Old Town Portland mit Musik, Kunst, Filmen, Lesungen, DJs und Barbetrieb. Tgl. 17–2.30 Uhr.

142 [dl] **Wonder Ballroom**, 128 NE Russell St., Tel. 503 2848686, www. wonderballroom.com. Veranstaltungsbühne in historischem Bau von 1914, einst Sitz einer katholischen Jugendorganisation. Under Wonder Lounge mit Cocktails und Essen im UG.

Bars

143 [F4] **Coopers Hall Winery & Taproom**, 404 SE 6th Ave., http://coopers hall.com, Mo.–Fr. 16–22 Uhr. Kellerei mit Schankraum in der Stadt, eingezogen in eine frühere Autoreparaturwerkstatt in Southeast Portland. Mit Bar und gutem Essen

144 [fj] **Expatriate**, 5424 NE 30th Ave., tgl. 5–24, Sa./So. Brunch 10–14 Uhr, http://expatriatepdx.com. Chefköchin Naomi Pomeroys neuestes Unternehmen mit kreativen asiatisch-burmesisch angehauchten Gerichten in Vintage-Ambiente. An der Bar kreiert der Ehemann die Cocktails.

145 [bm] **Solo Club**, 2110 NW Raleigh St., Tel. 971 2549806, www. thesoloclub.com, Mo.–Fr. 15–24, Sa. 8–24, So. 8–20 Uhr. Amaros und Highballs u. v. m. oder die schicken, modernen Cocktailbar, außerdem kleine, feine Gerichte und Sa./So. Brunch.

146 [E2] **Spirit of 77**, 500 NE MLK Blvd./ NE Lloyd St., www.spiritof77bar.com, Mo.–Fr. ab 11.30, Sa./So. ab 9 Uhr bis „late“. Hangout mit Sportübertragungen, nahe dem Moda Center gelegen und benannt in Erinnerung an die Blazers-Meisterschaft (s. S. 33).

147 [go] **The Nerd Out**, 3308 SE Belmont St., http://thenerdoutpdx.com, Di.–So. ab 16 Uhr. Ausgeflippte „neighborhood bar“ mit Kostümen, Comic books und

Comicfiguren, Sammlerstücken, Ausstellungsgalerie und Spielen. Auch die Cocktails sind nach Comic-/Fantasy-Figuren benannt. Exzentrisches Publikum.

148 [ho] **The Sapphire Hotel**, 5008 SE Hawthorne Blvd., Tel. 503 2326333, http://thesapphirehotel.com, Mo.–Sa. 16–2, So bis 24 Uhr. Dunkle, von Kerzen beleuchtete Bar und Cocktail-Lounge mit Speisekarte und tollen Drinks in einem ehemaligen Hotel und Bordell.

149 [F6] **White Owl Social Club**, 1305 SE 8th Ave./Main St., tgl. ab 15 Uhr, www.whiteowlsocialclub.com. Gut sortierte Bar (Cocktails!) in der angesagten Central Eastside, Speisen und Do. bis Sa. DJs.

Mal was anderes?

Neben Bier, Wein und Cocktails sowie edlen Destillaten wird in letzter Zeit in Portland Cider/Cidre zum neuen Trend. Den moussierenden Apfelschaumwein nach englischer Tradition gibt es in vielerlei Geschmacksrichtungen. Bekannte Portlander Cider-Produzenten sind Cider Riot! *(www.ciderriot.com)* oder Reverend Nat's Hard Cider (http://reverendnatshardcider.com). Gut, um sich durchzuprobieren ist z. B.:

150 [go] **Portland Cider House**, 3638 SE Hawthorne Blvd., www.portlandcider.com, mit 10 eigenen „Hard Ciders" (alkoholhaltig), dazu an die 20 anderen lokalen Marken.

Auch **Kombucha** liegt im Trend, ein durch Fermentierung gesüßter Tee mit dem sog. Kombucha-Pilz (bzw. Bakterien und Hefen) hergestelltes Gebräu. Ein Pionier in Portland ist z. B. **Oregonic Tonic Kombucha** (www.oregonictonic.com) – in vielen Lokalen und Läden sowie auf Märkten erhältlich.

Veranstaltungsorte und Konzertbühnen

151 [ep] **Aladdin Theater**, 3017 SE Milwaukie Ave., Tel. 503 2349694, www.aladdin-theater.com. 1928 eröffnet und anfangs Vaudeville-Theater, dann Kino, seit den 1990er-Jahren Konzertbühne. Heute treten hier auch große Stars auf.

152 [A5] **Arlene Schnitzer Concert Hall**, 1037 SW Broadway, www.portland5.com/arlene-schnitzer-concert-hall. Historisches Gebäude, einst Sitz des Portland Public (später: Paramount) Theatre von 1928, jetzt unter dem Spitznamen „The Schnitz" Halle für Veranstaltungen von Klassik und Jazz über Pop und Rock bis hin zu Folk und Gospel, Tanz, Film etc., v. a. aber Heimatbühne der Oregon Symphony (www.orsymphony.org).

153 [A3] **McMenamins Crystal Ballroom**, 1332 W Burnside St., Tel. 503 2250047, https://crystalballroompdx.com. Historisches Gebäude von 1914, als Ballroom erbaut. Seit den 1960er-Jahren sind große Stars wie Jimi Hendrix hier aufgetreten, bekannt für Rock. Zugehörig: „Lola's Room" als zweite, kleinere Bühne, eine Brewery, ein Pub und das McMenamins Crystal Hotel (s. S. 122).

154 [cn] **McMenamins Mission Theater & Pub**, 1624 NW Glisan St., Tel. 503 2234527, www.mcmenamins.com/mission-theater. Ab den 1890er-Jahren als Swedish Evangelical Mission dienend, dann prächtig ausgestattetes Mission Theater, heute v. a. Filme, aber auch Konzerte und Festivals.

155 [dk] **Mississippi Studios**, 3939 N Mississippi Ave., Tel. 503 2883895. www.mississippistudios.com. Künstler-Cooperative und intime Bühne, „built, owned and run by musicians". In einer ehemaligen Baptistenkirche gegründet, heute verteilt auf drei Gebäude im Mississippi District. Vielseitiges Programm von Konzerten über Performances und Kabarett bis zu Ausstellungen etc. Bekannt für gute Akustik. Zugehörig: „Bar Bar" (gute Burger!).

156 [D1] **Moda Center,** One Center Court, https://rosequarter.com/venue/moda-center. Vielzweckhalle, die 1995 als „Rose Garden" eröffnet wurde und v. a. Heimat des NBA-Teams Portland Trail Blazers ist. Außer Sportevents finden Konzerte und Shows statt.

157 [A5] **Portland'5 Centers for the Arts,** 1111 SW Broadway, www.portland5.com. Großes Performing Arts Center u. a. mit Broadway-Produktionen, Opern, Ballett, Konzerten auf verschiedenen Bühnen: Antoinette Hatfield Hall (mit Dolores Winningstad Theatre, Newmark Theatre, Brunish Theatre), Keller Auditorium, Newmark Theatre und Arlene Schnitzer Concert Hall. Heimat von Portland Opera (www.portlandopera.org), Symphony und Oregon Ballet Theatre (www.obt.org).

158 [en] **Revolution Hall,** 1300 SE Stark/SE 14th St., Tel. 971 8085091, www.revolutionhall.com. Breites Spektrum an Liveveranstaltungen, auch Burleske, Lesungen und Klassik. In der Washington High School von 1906, genauer, im Auditorium mit 830 Plätzen, Balkon und Top-Soundsystem. Mit Dachterrasse. Veranstaltungsort des Soul'd Out Music Festival (s. S. 85) und Heimat von Live Wire! Radio.

159 [B3] **Roseland Theater & Peter's Room,** 8 NW 6th Ave., Tel. 971 2300033, http://roselandpdx.com. Das Roseland Theater ist die Top-Musikbühne Portlands mit über 1400 Stehplätzen. Hier fanden schon Liveaufnahmen mit Little Feat, Foghat oder Prince statt und Bob Dylan, Tina Turner, Miles Davis, Pearl Jam, Jerry Garcia Band oder Bonnie Raitt traten auf. Kleinerer Peter's Room (400 Plätze), Restaurant und Bar. Veranstaltungsort des Soul'd Out Music Festival (s. S. 85).

EXTRAINFO

Tickets

❭ **Portland'5 Box Office,** Portland'5 Centers for the Arts (s. S. 75), Tel. 1 800 2731530, Mo.–Sa. 10–17 Uhr und 2 Std. vor Events

❭ **StubHub,** www.stubhub.com/portland-tickets/geography/704

❭ **Vivid Seats,** www.vividseats.com/region/portland/concert-tickets.html

❭ **Ticketmaster,** www.ticketmaster.com (Suche nach „Portland, Oregon")

042po-tp

◹ *Die Arlene Schnitzer Concert Hall war früher das Portland Publix Theater und trägt dieses 20 m große Schild*

Gratisveranstaltungen

› **Noon Tunes,** https:// thesquarepdx.org/event/noon-tunes-summer-concert-series. Im Juli und August gibt es Di. von 12 bis 13 Uhr auf dem Pioneer Courthouse Square kostenlose Lunchtime-Konzerte.

› **Music on Main,** www.portland5. com/events/music-main. Outdoor-Sommerkonzerte auf der Main St., zwischen SW Broadway & Park Ave., veranstaltet von Portland'5 Centers for the Arts.

› **Portland Festival Symphony,** www. portlandfestivalsymphony.org. Vier Konzerte im August in verschiedenen Stadtparks.

› Weitere kotenlose Events, Veranstaltungen und Aktivitäten im Freien finden sich unter: **www.portlandoregon.gov/ parks/61921**

Theater

⏱ **160** [fk] **Alberta Rose Theatre,** 3000 NE Alberta St., Tel. 503 7197784, www. albertarosetheatre.com. Historisches Theater im Alberta Arts District, ursprünglich Kino aus dem Jahr 1927, heute Livebühne mit buntem Mix aus Konzerten, Kabarett, Shows aller Art u. a.

⏱ **161** [go] **Do Jump! Extremely Physical Theater,** 1515 SE 37th Ave., Tel. 503 2311232, www.dojump.org. 1977 von Robin Lane gegründetes Ensemble aus Schauspielern, Tänzern und Akrobaten, Musikern u.v. a. Talenten. Lebhafte akrobatische Show, die auch auf Tournee geht.

⏱ **162** [ek] **Portland Playhouse,** 602 NE Prescott St., Tel. 503 4885822, www. portlandplayhouse.org. Moderne Aufführungen, viel Afroamerikanisches, in einem ehemaligen Kirchenbau.

⏱ **163** [A3] **Portland Stage at the Armory (Gerding Theater),** 128 NW 11th Ave., Tel. 503 4453700, www.pcs.org. Historisches Theater im Pearl District (Brewery Block) mit Main Stage und Ellyn Bye Studio. Heimatbühne von Portland Center Stage (PCS), dem größten Theaterensemble der Stadt.

› **Third Rail Repertory Theatre,** Tel. 503 2351101, http://thirdrailrep.org. Theterensemble, das für inspirierende, experimentelle und mutige dramatische Stücke bekannt ist, Auftritte u. a. im:

⏱ **164** [bm] **CoHo Theater,** 2257 NW Raleigh St., und

› **Imago Theatre** (s. S. 113)

Kino

📖 **165** [go] **Bagdad Theater,** 3702 SE Hawthorne Blvd., www.mcmenamins. com/bagdad-theater-pub. Mit Pub (s. S. 60).

📖 **166** [fo] **CineMagic Theater,** 2021 SE Hawthorne Blvd., www.thecine magictheater.com. 1914 als „The Palm" eröffnet und noch heute mit historischem Flair. Gute Bierauswahl!

📖 **167** [A3] **Living Room Theaters,** 341 SW 10th Ave., http://pdx.living roomtheaters.com. Bequem wie im Wohnzimmer sitzt man hier und kann dabei auch essen. Lounge mit Bar.

📖 **168** [A5] **The Northwest Film Center,** 1219 SW Park Ave., Tel. 503 2211145, https://nwfilm.org. Seit 1971 existierende Institution mit Whitsell Auditorium. Teil des Portland Art Museum. Indie-Filme, experimentelles Kino und zahlreiche Filmfestivals, viele mit Fokus auf den Nordwesten, finden hier statt.

▷ *Irgendwo findet in Portland immer ein Wochenmarkt statt*

Portland für Shoppingfans

Portland mag anderen Städten in vielen Belangen ein paar Schritte voraus sein, was jedoch eher „altmodisch europäisch" anmutet, sind die Öffnungszeiten vieler Läden. Sie schließen, anders als in ähnlich großen Städten, am Abend erstaunlich früh. Es dominieren weniger die großen modernen Einkaufszentren oder Kettenläden, sondern Outdoor-Shops und kleine kreative Läden, Vintage Stores und Spezialgeschäfte, die lokale Produkte verkaufen.

Da es in Oregon, anders als in den meisten US-Staaten, **keine sales tax** (Mehrwertsteuer) gibt, lohnt sich das Einkaufen besonders. Beachten sollte man allerdings, dass viele Läden, auch im Zentrum, schon um **18 oder 19 Uhr schließen** und erst um 10 Uhr oder manchmal sogar später öffnen. Sofern im Folgenden nicht anders angegeben, kann man davon ausgehen, dass spezialisierte, kleinere Läden meist werktags von 10/11 bis 18/19 und So. von 11 bis 17/18 Uhr geöffnet haben.

Märkte

Portland Farmers Market (www.portlandfarmersmarket.org) organisiert eine Reihe von Wochenmärkten in PDX mit Frischeprodukten aller Art, Gemüse, Obst, Blumen, aber auch Seafood, Brot u. a. lokalen Leckerbissen. Marktbetrieb ist in der Regel zwischen April/Mai und Oktober. Zentral liegen die folgenden drei:

🔴 [B4] **Pioneer Courthouse Square,** SW 6th Ave./Yamhill St., Mitte Juni–Ende Aug. Mo. 10–14 Uhr

🔶**169** [A5] **Shemanski Park,** SW Park & Main St., nahe Portland Art Museum, Mai–Okt. Mi. 10–14 Uhr

🔶**170** [A6] **South Park Blocks,** SW Park/Montgomery St., Apr.–Okt. Sa. 8.30–14 Uhr, Nov.–März 9–14 Uhr

Zwei andere große Märkte sollte man ebenfalls nicht versäumen:

🔶**171** [E5] **Portland Night Market,** 100 SE Alder St., www.pdxnm.com. Viermal jährlich (s. Website) stattfindender großer Markt in und um eine Industriehalle mit ungewöhnlichen Ständen, teils Kulinarisches, teils lokal produzierte Waren aller Art, teils Vintage, teils Flohmarktartikel. Im Freien stehen Foodtrucks und es gibt eine Konzertbühne.

🔶**172** [D3] **Portland Saturday Market,** 2 SW Naito Parkway, www.portland saturdaymarket.com,, März–Dez. Sa. 10–17, So. 11–16.30 Uhr. Riesiger Markt nahe Burnside Bridge und Skidmore Fountain. Kunst und Handwerk, Kitsch und Souvenirs, lokale/regionale Produkte und Essen. Der größte kontinuierlich betriebene Open-air-Markt der USA!

043po-mb

Shoppingareale
Die wichtigsten Shoppingbereiche der Stadt sind im Kartenmaterial mit einer rötlichen Fläche markiert.

Malls und Kaufhäuser

173 [E5] **City Liquidators,** 823 SE 3rd Ave., www.cityliquidators.com. Kurioses Kaufhaus im Industrieviertel: Möbel, (Wohn-)Accessoirs, Haushaltswaren und Schnickschnack aus Konkursmasse.

174 Columbia River Gorge Premium Outlets, 450 NW 257th Way (I-84, Exit 17), Troutdale, Mo.-Sa. 10-21, So. 10-19 Uhr. Große Outlet Mall mit rund 35 Läden (u. a. Adidas, Carter's, Eddie Bauer, Gap, Harry & David, Pendleton, Tommy Hilfiger) – ideal für einen größeren Einkauf!

175 [em] **Lloyd Center,** 2201 Lloyd Center, Grand Ave./NE Weidler St., www.lloydcenter.com, Mo., Di., Do.-Sa. 10-21, Mi. bis 19, So. 11-18 Uhr. Mehr als 150 Läden, Kinokomplex, Eisfläche und Food Court. Bei der Eröffnung 1960 war dies die größte Mall in den USA!

176 [B5] **Pioneer Place Mall,** 700 SW 5th Ave., www.pioneerplace.com, Mo.-Sa. 10-20, So. 11-18 Uhr. U. a. Eddie Bauer, GAP, Forever 21, H&M, Microsoft und großes Imbissareal.

177 [C4] **Portland Outdoor Store,** 304 SW 3rd Ave./Oak St. Mo.-Sa. 9.30-17.30 Uhr, https://portlandoutdoorstore.us. Unikum und Institution, seit 1919 in Familienbesitz. V. a. Western Wear, Boots und Hüte, aber auch Outdoor-Ausstattung.

178 [A4] **Target Portland Galleria,** 939 SW Morrison St., tgl. 7-22 Uhr. Kaufhaus in einem historischen Gebäude, in dem früher die Einkaufsmall Galleria zu Hause war. Mit CVS Pharmacy.

179 [B3] **The Brewery Blocks,** NW Couch St., www.breweryblocks.com. Auf dem ehemaligen Gelände von Henry Weinhard's Brewery gibt es neben einem großen Whole-Foods-Biosupermarkt auch Läden und Lokale.

180 [A3] **Union Way,** 1022 W Burnside St., tgl. 11-19 Uhr. Einkaufspassage nahe Powell's und ACE Hotel mit lokalen Firmen wie Danner oder Will Leather Goods sowie Imbisslokalen wie Boxer Ramen.

„Made in PDX" – lokales Handwerk

Zu den „Spezialitäten" der Stadt gehören **Lederwaren, Schuhe** sowie **Outdoor-Artikel** (Kleidung, Schuhe, Ausrüstung). Daneben ist in PDX eine lebendige **Skateboard-** und **Sneaker-Kultur** mit den entsprechenden Läden zu finden. Recycling, Upcycling und Do-it-yourself sind angesagt und damit **Retro- und Vintage-Läden.**

181 [A1] **Alchemy Jeweler,** 1022 NW Lovejoy St., https://alchemyjeweler.com. Team von Designern, die im Pearl District individuellen Schmuck herstellen und zum Kauf anbieten.

182 [gp] **Carter & Rose,** 3601 SE Division St., www.carterandrose.com, tgl. 11-19, Di., Mi. bis 21 Uhr. Ausgefallene Kunsthandwerksunikate von Keramik und Schmuck über Tücher und Haushaltswaren bis hin zu Accessoires und Kosmetik. Von verschiedenen Künstlern aus dem NW hergestellt.

183 [A4] **Crafty Wonderland,** 808 SW 10th Ave., https://craftywonderland.com. Laden mit Handwerkskunst von lokalen Künstlern – angeblich die „largest handmade craft show in the Northwest". Geschenke, Papiersachen, Schmuck, Kleidung, Deko, Kosmetik u. Ä., außerdem Kinderbereich. Zweimal jährlich Veranstalter eines Kunst-/Kunsthandwerksmarkts mit über 200 Künstlern aus Oregon im Convention Center.

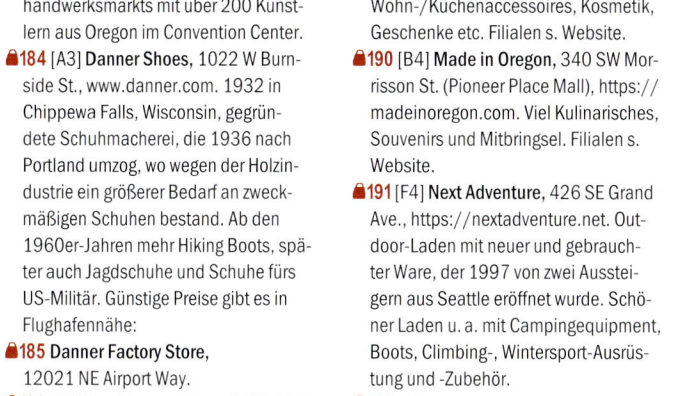

184 [A3] **Danner Shoes,** 1022 W Burnside St., www.danner.com. 1932 in Chippewa Falls, Wisconsin, gegründete Schuhmacherei, die 1936 nach Portland umzog, wo wegen der Holzindustrie ein größerer Bedarf an zweckmäßigen Schuhen bestand. Ab den 1960er-Jahren mehr Hiking Boots, später auch Jagdschuhe und Schuhe fürs US-Militär. Günstige Preise gibt es in Flughafennähe:

185 **Danner Factory Store,** 12021 NE Airport Way.

186 [B3] **Doc Martens Store,** 2 NW 10th Ave., www.drmartens.com. Start mit Arbeitsschuhen und -stiefeln, schlicht, praktisch und solide. Entstanden aus der Kooperation der englischen Schuhfirma Griggs und dem deutschen Wehrmachtsarzt Dr. Klaus Märtens. Seit 1960 in Besitz von AirWair USA mit Sitz in Portland/OR.

187 [C3] **IndexPDX,** 114 NW 3rd Ave., www.indexpdx.com, Mo.–Sa. 12–19, So. 12–17 Uhr. Großer Sneaker-Shop mit neuen und gut erhaltenen Secondhand-Sportschuhen auch seltener Marken und Stile.

188 [A2] **Keen Garage,** 505 NW 13th St., www.keenfootwear.com. 2003 wurden die ersten Sandalen mit Zehenschutz in Alameda/CA „geboren". 2006 fand der Umzug nach PDX statt, heute gibt es auch Wander- und Berufsschuhe. 2012 eröffnete dieser sehenswerte Store mit einem Schuhautomaten für „Notfälle" vor dem Eingang. Die Firma gilt als besonders umweltfreundlich und sozial engagiert.

189 [B3] **MadeHere PDX,** 40 NW 10th Ave., https://madeherepdx.com. Eine Vielzahl an Waren aus Portland in moderner Präsentation im Pearl District: Kunsthandwerk, Schmuck, Kleidung, Kulinarisches, Taschen, Geschirr und Wohn-/Küchenaccessoires, Kosmetik, Geschenke etc. Filialen s. Website.

190 [B4] **Made in Oregon,** 340 SW Morrisson St. (Pioneer Place Mall), https://madeinoregon.com. Viel Kulinarisches, Souvenirs und Mitbringsel. Filialen s. Website.

191 [F4] **Next Adventure,** 426 SE Grand Ave., https://nextadventure.net. Outdoor-Laden mit neuer und gebrauchter Ware, der 1997 von zwei Aussteigern aus Seattle eröffnet wurde. Schöner Laden u. a. mit Campingequipment, Boots, Climbing-, Wintersport-Ausrüstung und -Zubehör.

192 [C3] **Orox Leather Co.,** 450 NW Couch St., www.oroxleather.com, Mo.–Sa. 10–17 Uhr. Lederwaren, hergestellt nach traditioneller Oaxacan-Technik. Familienbetrieb der drei Brüder Martinez, der seit 2012 Taschen, Geldbörsen, Gürtel u. a. Lederaccessoires anbietet.

193 [A3] **Poler,** 413 SW 10th Ave., www.polerstuff.com. Berühmt wegen der „Napsacks" (anziehbare Schlafsäcke), aber auch trendige Kleidung wie Hoodies, Mützen, Westen und Rucksäcke sowie Campingzubehör.

194 [cn] **Portland Gear,** 627 SW 19th Ave., https://portlandgear.com. Kultiger Designershop, in dem es v. a. Shirts aller Art, Caps und Accessoires mit PDX-Bezug gibt.

195 [dk] **Queen Bee Creations,** 3961 N Williams Ave., www.queenbee-creations.com. Kreative und funktionale Taschen aller Art aus Stoff, teils bestickt, teils wasserfeste Materialien, alle vor Ort hergestellt.

196 [F5] **Red Clouds Collective,** 727 SE Morrison St., https://redcloudscollective.com. Handwerklich produzierte Lederwaren aller Art, dazu Kleidung, hergestellt aus lokalen Grundstoffen. Kollektiv verschiedener Künstler und Handwerker, die ihre Produkte in diesem schicken Laden verkaufen.

197 [dk] **Tanner Leather,** 4719 N Albina Ave., www.tannergoods.com. Alles aus feinstem Leder: Gürtel, Taschen und Rucksäcke, Geldbeutel und Brillenetuis. Zudem Kleidung und Keramik. Mit Wayback Bar & Patio.

198 [bn] **Tender Loving Empire,** 525 NW 23rd Ave., https://tenderlovingempire. com. Alles „Made in PDX" – nette Mitbringsel und Accessoires aller Art, Papierwaren, Modeschmuck u. a. Kreatives, außerdem Schallplattenabteilung (lokale Bands!).

199 [bn] **Will Leather Goods,** 816 NW 23rd Ave., www.willleathergoods.com. Familienbetrieb mit mittlerweile mehreren Filialen in den USA. Taschen, Gürtel, Geldbeutel und Accessoires in sehenswertem Laden bei eher gehobenen Preisen.

Mode und Accessoires

200 [dk] **Animal Traffic,** 4000 N Mississippi Ave., www.animaltrafficpdx.com. Seit 2009 bekannt für Vintage-Kleidung für Männer und Frauen, aber auch Neues ungewöhnlicher Labels sowie Rucksäcke, Taschen, Schuhe und Accessoires.

201 [B4] **BAIT,** 818 SW Broadway, www. baitme.com. Concept Store mit Sneakers u. a. Schuhen, Caps und Kleidung sowie Action-/Comic-Figuren. V. a. kleine, seltene Labels und ungewöhnliche Modelle.

202 [C3] **Compound Gallery,** 107 NW 5th Ave., https://compoundgallery.com. Trendsetter mit den angesagten Streetwear Brands, daneben Kunstausstellungen und Pop-up Shops. Sneakers und Streetwear, Skate Brands, Caps und Shirts etc., Kunst und Spielzeug.

Konfektionsgrößen

Herren
Deutsche Bekleidungsgrößen (z. B. 50) minus 10 ergibt amerikanische Größe (40)

> **Herrenhemden**

D	36	37	38	39	40/41	42	43
USA	14	14,5	15	15,5	16	16,5	17

> **Herrenschuhe**

D	39	40	41	42	43	44	45
USA	6,5	7/7,5	8	8,5/9	9,5	10/10,5	11/11,5

Damen

D	36	38	40	42	44	46
USA	6	8	10	12	14	16

> **Damenschuhe**

D	36	37	38	39	40	41	42
USA	6	6,5/7	7,5/8	8,5	9	9,5	10

Kinder

D	98	104	110	116	122
USA	3	4	5	6	6x

> **Kinderschuhe**

D	23	24	25	26	27	28	29	30	31	32	33
USA	6,5	7,5	8,5	9,5	10,5	11,5	12,5	13	1	1,5/2	2,5

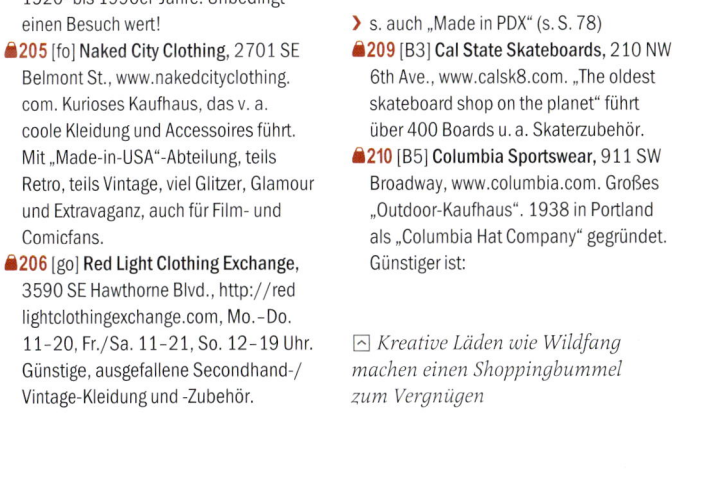

045po-tp©NashCO Photo 2014

🔒**203** [C3] **Deadstock Coffee & Gallery**, 408 NW Couch St., www.dead stockcoffee.com. Selbst gerösteter Kaffee und Treff der „sneakerheads", Sammler und Bewunderer von kultigen Sportschuhen. Mit alten Michael-Jordan-Memorabilien, Schuhe von Adidas, Under Armour, Columbia etc., dazu kultige Shirts und Caps.

🔒**204** [go] **House of Vintage**, 3315 SE Hawthorne Blvd., www.houseofvintage nw.com/portland. Kooperative verschiedener Secondhand-Händler. Riesiger Laden, spezialisiert auf Vintagekleidung, aber auch Schuhe und Accessoires der 1920- bis 1990er-Jahre. Unbedingt einen Besuch wert!

🔒**205** [fo] **Naked City Clothing**, 2701 SE Belmont St., www.nakedcityclothing. com. Kurioses Kaufhaus, das v. a. coole Kleidung und Accessoires führt. Mit „Made-in-USA"-Abteilung, teils Retro, teils Vintage, viel Glitzer, Glamour und Extravaganz, auch für Film- und Comicfans.

🔒**206** [go] **Red Light Clothing Exchange**, 3590 SE Hawthorne Blvd., http://red lightclothingexchange.com, Mo.–Do. 11–20, Fr./Sa. 11–21, So. 12–19 Uhr. Günstige, ausgefallene Secondhand-/Vintage-Kleidung und -Zubehör.

🔒**207** [C3] **Upper Playground**, 23 NW 5th Ave., https://upperplayground. com, Mo.–Sa. 11–20, So. 12–18 Uhr. Bekannt für ausgefallene Shirts aller Art, Caps u. a. Accessoires. Zugehörig ist die Fifty24PDX Gallery (www.fifty24pdx. com), in der es um zeitgenössische Graffiti u. a. Street Art geht.

🔒**208** [B3] **Wildfang**, 404 SW 10th Ave., www.wildfang.com. Feministischer, cooler Modeladen, bequeme und unkomplizierte Mode, Shirts mit Aufdrucken, Schuhe und Accessoires.

(Outdoor-)Sport

❯ s. auch „Made in PDX" (s. S. 78)

🔒**209** [B3] **Cal State Skateboards**, 210 NW 6th Ave., www.calsk8.com. „The oldest skateboard shop on the planet" führt über 400 Boards u. a. Skaterzubehör.

🔒**210** [B5] **Columbia Sportswear**, 911 SW Broadway, www.columbia.com. Großes „Outdoor-Kaufhaus". 1938 in Portland als „Columbia Hat Company" gegründet. Günstiger ist:

⌂ *Kreative Läden wie Wildfang machen einen Shoppingbummel zum Vergnügen*

211 Columbia Sportswear Factory Store, 1323 SE Tacoma St. (Sellwood Plaza).

212 [E4] Evo, 200 SE Martin L. King Jr. Blvd., www.evo.com/locations/portland. Noch ein riesiger Outdoorladen mit Skiern, Snowboards, Fahrrädern, Boards aller Art, auch Radreparaturen und Kunstgalerie.

213 [A2] Filson, 526 NW 13th Ave., www.filson.com. Haltbare, stabile und komfortable (Outdoor-)Kleidung und Outdoorzubehör. In einem historischen Bau im Pearl District.

214 [B4] Nike Portland, 638 SW 5th Ave., www.nike.com. Laden der in Beaverton bei Portland beheimateten, weltberühmten Sportartikelfirma mit einer Art Firmenmuseum. Schnäppchen gibt es im:

215 [el] Nike Factory Store, 2650 NE Martin Luther King Jr. Blvd.

216 [D1] Rip City Clothing Co., 1 N Center Court, im MODA Center, www.nba.com/blazers/ripcityclothing, Sa. 11–18, Di.–Fr. 11–16 Uhr. Laden der Portland Trail Blazers (s. S. 33).

Bücher

Powell's City of Books  ist das Flaggschiff, aber es gibt weitere unabhängige **Buchläden**. Außerdem spielen Comics eine zentrale Rolle, denn Portland gilt neben New York als **Comic-Zentrum** der USA.

> Ampersand Gallery & Fine Books (s. S. 55),
für Öffnungszeiten siehe www.ampersandgallerypdx.com. Wechselnde Ausstellungen mit lokaler moderner Kunst und Kunstbücher, vielfach aus dem eigenen Verlag Ampersand Editions.

218 [dk] Bridge City Comics, 3725 N Mississippi Ave., www.bridgecitycomics.com, tgl. 11–20, Di., Do. bis 19 Uhr. Comics und Graphic Novels in großer Auswahl, auch gebraucht und Raritäten.

219 [fo] Excalibur Comics, 2444 SE Hawthorne Blvd., www.excaliburcomicspdx.com, tgl. bis 20 Uhr. Ältester Comic Book Store der Stadt, seit über 40 Jahren in Familienbesitz. Riesige Auswahl!

220 [C3] Floating World Comics, 400 NW Couch St., https://floatingworldcomics.com. Sehr gut sortierter Comicladen, auch Magazine, Graphic Novels und Schallplatten sowie Kunstgalerie.

Musik

221 [fp] Clinton Street Record & Stereo, 2510 SE Clinton St., Di.–So. 13–19 Uhr. Winzig, aber beliebt bei DJs und Musikliebhabern, eklektische Auswahl, Hip-Hop, Italo House u. a.

222 [A3] Everyday Music, 1313 W Burnside St., tgl. 10–22 Uhr, www.everydaymusic.com. Eine Hälfte Platten, die andere CDs – alles, was das Herz begehrt!

223 [gm] Little Axe Records, 4142 NE Sandy Blvd., tgl. 12–19.30 Uhr. Relativ kleiner Laden mit gebrauchten Platten und Kassetten. Schwerpunkte: Experimental und Heavy Metal, World und Folk.

224 [gn] Music Millennium, 3158 E Burnside St., Mo.–Sa. 10–22, So. 11–21 Uhr, www.musicmillennium.com. Einer der größten Indie-Musikläden in den USA, dazu alteingesessen.

EXTRATIPP

24/7 Shops
Im Stadtzentrum gibt es größere Läden, die rund um die Uhr fundamentale Bedürfnisse befriedigen, z. B.:

225 [F5] 7 Eleven (1), 1024 SE Grand Ave. Lebensmittelladen mit Snacks.

226 [B5] 7 Eleven (2), 900 SW 4th Ave. (Downtown)

Kulinarisches

Kulinarische Touren bietet The Big Foody PDX an (s. S. 119), viele der folgenden Läden sind Teil der Tour.

227 [fn] **Alma Chocolate,** 140 NE 28th Ave., www.almachocolate.com. Schokoladengeschäft, das entstand, weil die Besitzerin bessere Schoko-Osterhasen haben wollte. Aus Rohschokolade entstehen hier jetzt Toffees, Tafelschokolade, Schokosoße u. a.

228 [F5] **Growler Guys,** 816 SE 8th Ave., www.thegrowlerguys.com. An der Bar werden Biere regionaler Brauereien in großer Auswahl ausgeschenkt, man kann sie auch in Crowler oder Growler (s. S. 69) abfüllen lassen. Startpunkt der Brewvana-Touren (s. S. 118).

229 [E4] **House Spirits Distillery & Tasting Room,** 65 SE Washington St., https://housespirits.com. Destillerie, in der Hochprozentiges wie Whiskey, Rum, Wodka und Aquavit hergestellt werden. Tasting Room und Touren.

230 [F6] **Jacobsen Salt Co.,** 602 SE Salmon St., https://jacobsensalt.com.

☐ *In der New Deal Distillery gibt es auch Touren*

Meersalz von der Oregon Coast in verschiedenen Geschmacksrichtungen und Körnungen. Mi. Happy Hour mit Cocktails, Musik und Verkostungen. Zugehörig: **Bee Local,** www.beelocal.com, Honig und verwandte Produkte.

231 [F6] **New Deal Distillery & Tasting Room,** 900 SE Salmon St., www.newdealdistillery.com. 2004 gegründet, als es nur etwa 20 Destillerien in den USA und zwei in PDX gab. Die Ausstattung stammt aus Deutschland. Es werden Gin, Whiskey, Tequila, Cascara Liqueur und Wodka hergestellt, an der Bar gibt es auch Cocktails.

❭ **Olympia Provisions** (s. S. 62)

232 [fp] **People's Food Co-op,** 3029 SE 21st Ave.,www.peoples.coop, tgl. 8–22 Uhr. Landwirtschaftliche Kooperative, die einen großen Laden mit saisonalen Produkten betreibt.

❭ **Portland Mercado** (s. S. 63)

233 [bn] **The Meadow,** 805 NW 23rd Ave., https://themeadow.com. Spezialisiert auf Salz, Schokoladen und Bitters für Cocktails. Filiale s. Website.

234 [em] **Woodblock Chocolate,** 1715 NE 17th Ave, Di.–So. 8–18 Uhr, https://woodblock.myshopify.com. Familienbetrieb, in dem nur „Bean-to-Bar"-Schokolade hergestellt wird.

04poo-mb

Portland zum Träumen und Entspannen

Portland ist eine eher gemütliche Stadt mit viel Grün – auch im Stadtzentrum – und mit beschaulichen Plätzen und Parks, wo man gut verschnaufen kann. Auch wer aktiv entspannen möchte, findet in PDX genügend Gelegenheit.

Der **Lan Su Chinese Garden** ⑩ ist Ruheoase und Meditationsidyll mit Wasser und viel Grün in zentraler Lage. Ebenfalls in Downtown, nur einen Block vom Pioneer Courthouse Square entfernt, liegt der kleinere **Director Park** [A4], ein Treffpunkt mit Brunnen, Café und Sitzgelegenheiten. Er bildet den Anfang einer Kette von Parks, die sich am Portland Art Museum ❸ vorbei Richtung Süden ziehen.

Der **Pioneer Courthouse Square** ❶ ist mit 9,5 Mio. Besuchern jährlich viel frequentiert und geeignet, um ein Päuschen einzulegen und Leute zu beobachten, dazu ist er wegen der zahlreichen (Sommer-)Events attraktiv. Im Pearl District liegt neben dem **Jamison Square Park** [A1] – der v. a. bei Familien beliebt ist – der wohl ungewöhnlichste Park der Stadt: Der **Tanner Springs Park** (s. S. 27) ist ein gelungenes Experiment, in dem heimische Pflanzen und Tieren mitten in der Stadt wieder angesiedelt wurden.

Für sportlich Ambitionierte eignet sich der **Tom McCall Waterfront Park** ❺. Der 2,4 km lange grüne Streifen entlang dem Willamette River bietet Trails zum Joggen, Skaten und Laufen. Im Nordwesten der Stadt, ebenfalls am Flussufer, erstreckt sich der **Forest Park.** Er hat außer gut 100 km an Trails für Aktive eine vielseitige, wilde, fast regenwaldartige Flora und Fauna zu bieten. Im **Washington Park** (s. S. 36) hat man die Qual der Wahl zwischen Ausruhen oder Sightseeing.

Die Parkanlage von **The Grotto** ㉘ gleicht einem Botanischen Garten und hat ebenfalls Spazierwege zu bieten.

Ein „echter" Botanischer Garten ist der **Leach Botanical Garden** in Southeast Portland; er ist besonders für Viburnia, Azaleen und Kamelien bekannt. **Mt. Tabor Park**, nördlich davon, ist ein grüner Erholungspark mit Trails, grandiosen Ausblicken und dem Volcano Playground, einem großen Abenteuerspielplatz.

●**235 Leach Botanical Garden**, 6704 SE 122nd Ave., www.leachgarden.org, Di.– Sa. 9–16, So. 13–16 Uhr, Eintritt frei

047po-mb

◁ *Ideal für ein Päuschen im Grünen: der Tom McCall Waterfront Park* ❺

Zur richtigen Zeit am richtigen Ort

Die meisten Kulturveranstaltungen und Konzerte finden im Sommer und viele davon im Freien statt, zwei überregional bedeutende Sportevents auch im Herbst. Es gibt außerdem in Portland zuhauf Bier-, Musik- und Filmfestivals. Einige der Sommerveranstaltungen sind kostenlos (s. S. 76). Allgemeine Infos zu aktuellen Veranstaltungen finden sich unter:

❯ www.travelportland.com/things-to-do/events bzw. zu ganz Oregon unter www.oregonfestivalguide.com, https://beerfests.com

Frühjahr

❯ 17. März: **St. Patrick's Day,** in verschiedenen Kneipen zelebriertes irisches Fest (www.pdxpipeline.com/events/portland-st-patricks-day). Gleichzeitig: **Shamrock Run** (www.motivrunning.com/shamrock-run-portland), ein traditionelles Lauf-Event (15 km, Halbmarathon und 4 Mile Walk).

❯ April: **Soul'd Out Music Festival** (www.souldoutfestival.com). Zehntägiges Festival mit Auftritten großer Stars, u. a. Arlene Schnitzer Concert Hall, Crystal Ballroom, Roseland Theater, Revolution Hall, Aladdin Theater. Beim SOMF treten um die 50 der weltbesten Musiker aus R&B, Soul und Blues auf!

❯ Wochenende um den 5. Mai: **Portland Cinco de Mayo Fiesta** (www.cincodemayo.org). Dreitägiges Event im Tom McCall Waterfront Park mit authentischer mexikanischer Musik, mexikanischem Essen u. a. Veranstaltungen ($ 10). Mit Teilnehmern aus Guadalajara, einer Schwesterstadt Portlands.

❯ Ende Mai/Juni: **Portland Rose Festival** (www.rosefestival.org). Wird seit 1907 den Juni über gefeiert, zahlreiche familienfreundliche Veranstaltungen, u. a. große Blumenparade, Drachenbootrennen, Konzerte, Ausstellungen.

Sommer und Herbst

❯ 2. Juni-Hälfte: **World Naked Bike Ride** (https://pdxwnbr.org). Seit 2005 in Portland an einem Samstag stattfindendes Straßenfahrrad-Event bei Nacht, bei dem sich die Radler im Allgemeinen komplett ausziehen, um auf die Verletzlichkeit von Radfahrern und auf die Abhängigkeit von luftverschmutzenden Transportmitteln aufmerksam zu machen. Inzwischen gibt es solche Radtouren weltweit.

❯ Juni–September: **Oregon Zoo Summer Concerts** (www.zooconcerts.com). Folk, Rock, World Music im Open-air-Theater im Oregon Zoo. Ab ca. $ 40, hochkarätiges Aufgebot!

❯ Mitte Juni: **Pride Northwest**/**Portland Pride** (https://pridenw.org). An einem Wochenende stattfindendes LGBT-Festival an der Waterfront mit Umzug, Musik und Familien-Events.

❯ 2. Juni-Hälfte: **Portland International Beerfest** (www.portland-beerfest.com). Über 200 Biere aus aller Welt können Fr. bis So. auf dem Areal der Pearl District North Park Blocks nach den Erwerb von „Beer Tickets" verkostet werden.

❯ Um den 4. Juli/Independence Day: **Waterfront Blues Festival** (www.waterfrontbluesfest.com). Viertägige Veranstaltung im Tom McCall Waterfront Park rings um die Hawthorne Bridge. Großes Feuerwerk und Blues, Soul, Funk und R&B auf mehreren Bühnen, Tanz- und Instrumental-Workshops, Imbiss- und Kunsthandwerksstände, Bootsfahrten etc. (4-Tages-Pass $ 40!).

❯ Mitte Juli: **Mississippi Ave. Street Fair** (http://mississippiave.com). Eintägiges Event mit mehreren Bühnen und Konzerten, Biergarten, Kinderumzug, Rib-Off BBQ Contest und Kunsthandwerksständen.

❯ Letztes Juli-Wochenende: **Oregon Brewers Festival** (www.oregonbrewfest.com). Fünf Tage lang kommen Kleinbrauereien aus ganz USA im Tom McCall Waterfront Park zusammen, um ihre Biere zu präsentieren. Am ersten Tag (Do.) findet die Oregon Brewers Parade statt.

❯ September: **TBA (Time-Based Art) Festival** (http://pica.org/tba). Zehntägige Kulturveranstaltung des Portland Institute for Contemporary Art (PICA) mit interdisziplinären Veranstaltungen von Künstlern aller Genres.

❯ Ende Oktober: **Portland Film Festival** (https://portlandfilmfestival.com). Eine Woche lang Filmvorführungen, Diskussionen, Workshops, Vorträge u. a.

Winter

❯ Ende Okt./Anfang Nov.: **Northwest Filmmakers' Festival** (https://filmfreeway. com/NorthwestFilmmakersFestival). Spielfilme, Dokumentationen und Kurzfilme. Seit 1973 stattfindend und mit über 400 Bewerbern.

❯ Vorweihnachtszeit: **Holiday Tree Lighting.** Am Tag nach Thanksgiving auf dem Pioneer Courthouse Square (https:// thesquarepdx.org/events), der Mississippi Ave. und an anderen Plätzen, außerdem Christmas Festival of Lights at The Grotto (https://thegrotto.org/ christmas-festival-of-lights).

❯ Ende Jan./Anf. Febr.: **Lan Su Chinese Garden Chinese New Year Celebration** (https://lansugarden.org/things-to-do/ events/chinese-new-year). Zwei Wochen lang feiern die Chinesen in Portland mit Umzug, Lion Dances, Kampfkunst, kulturellem und historischem Programm.

❯ 2. Januar-Hälfte: **Reel Music Festival** (https://nwfilm.org/festivals/34th-reel-music-festival). „Festival of sound, music and image" im Northwest Film Center

(s. S. 76) – Jazz, Blues, Rock, Soul, Oper, Klassik, Avantgarde u. a.

❯ 2. Februar-Hälfte: **Portland International Film Festival** (https://nwfilm.org/ festivals/piff41). Seit 1977 werden im Northwest Film Center gut zwei Wochen lang über 90 Langfilme und mehr als 40 Kurzfilme gezeigt.

❯ 2. Februar-Hälfte: **Portland Jazz Festival** (http://pdxjazz.com/pdx-jazz-festival). An elf Tagen mehr als 100 Konzerte bekannter internationaler Künstler und lokaler Talente im Rahmen des „Black History Month".

Feiertage

In den USA gibt es die arbeitnehmerfreundliche Gepflogenheit, Feiertage auf einen Montag zu legen.

❯ 1. Januar: **New Year's Day**

❯ 3. Montag im Januar: **Martin Luther King Jr.'s Birthday**

❯ 3. Montag im Februar: **President's Day** (Washington's Birthday)

❯ Ende März/April: **Easter Sunday** (Ostersonntag). **Karfreitag** (Good Friday). **Ostermontag** ist kein Feiertag.

❯ letzter Montag im Mai: **Memorial Day** (Beginn der Feriensaison)

❯ 4. Juli: **Independence Day** („4th of July")

❯ 1. Montag im September: **Labor Day** (Ende der Feriensaison)

❯ 2. Montag im Oktober: **Columbus Day** (Feier zu Ehren von Christoph Kolumbus)

❯ 31. Okt.: **Halloween** (kein offizieller Feiertag)

❯ 11. November: **Veterans' Day** (Erinnerung an die Kriegsveteranen)

❯ 4. Donnerstag im November: **Thanksgiving Day** (Erntedankfest)

❯ 25. Dezember: **Christmas Day.** Heiligabend und der zweite Weihnachtstag sind keine Feiertage.

PORTLAND VERSTEHEN

Portland – ein Porträt

Obwohl sich auch andere Städte als „weird" – etwas schräg oder verrückt-skurril – bezeichnen, wirkt Portland auf den Betrachter frischer und unverbrauchter, vor allem aber hängt man seine Andersartigkeit nicht an die große Glocke. So sind es weniger die Sehenswürdigkeiten, als vielmehr der Lebensstil und die Mentalität, die „PDX" besuchenswert machen und von anderen Städten unterscheiden.

Portland liegt im Nordwesten des Bundesstaats **Oregon** und breitet sich südlich der Mündung des **Willamette River** in den **Columbia River** aus. Die nur etwa 100 km vom Pazifik entfernte Stadt bildet zudem das nördliche Ende des fruchtbaren Willamette Valley. „Bridgetown" nennt man PDX wegen der unzähligen Brücken, die die Flüsse im Stadtgebiet überqueren. Im Westen der zumeist flachen Stadt beginnen die „West Hills", wie die Einheimischen die Ausläufer der hier beginnenden **Tualatin Mountains** – Teil der Küstenberge – nennen. Bei gutem Wetter sieht man **Mt. Hood** und **Mt. St. Helens**, zwei der mächtigen Vulkanberge der **Cascade Range**, die sich östlich der Stadt aufbaut.

Der in Nord-Süd-Richtung durch die Stadt fließende Willamette River und die von Ost nach West querende Burnside Street trennen die Stadt in **fünf Regionen**, die als Abkürzung den Straßennamen beigefügt werden und die Orientierung erleichtern: **Southwest** (SW, mit Downtown und Washington Park, vom Willamette River westwärts und von der Burn-

side südwärts), **Northwest** (NW, westlich des Willamette River und nördlich der Burnside St., dazu gehören Teile von Old Town Chinatown, Pearl District und Nob Hill), **Northeast** (NE, östlich des Willamette River bzw. der I-5, nördlich der Burnside St., u.a. mit Lloyd District/Rose Quarter, Mississippi District, Alberta Arts District), **Southeast** (SE, östlich des Willamette bzw. südlich der Burnside St., u.a. mit Central Eastside, Hawthorne District, Division und Belmont District) sowie **North Portland** (N, im Zwickel zwischen Willamette River, I-5 und Columbia River).

„Keep Portland Weird" – das „neue San Francisco"

„Maybe I should go to Portland. There must be something in Portland. Portland is on everybody's mind these days. Portland is a drawing card. Portland this, Portland that. Portland's as good a place as any. It's all the same ..."

Raymond Carver, Schriftsteller und Dichter aus dem eine Autostun-

◁ *Vorseite: Skulptur „Warten aufs Taxi" am Pioneer Courthouse Square* ❶

de nordwestlich von Portland gelegenen Nest Clatskanie, ließ schon 1984
eine gewisse Sheila, eine Hauptfigur
in seiner Kurzgeschichte „Vitamins",
mit diesen Worten über Portlands An-
ziehungskraft nachdenken. Lange
Zeit war die Besonderheit der Stadt
ein wohlgehütetes Geheimnis, inzwischen haben Alt-Hippies und kreative Aussteiger die Metropole im
Nordwesten der USA als „neues San
Francisco" entdeckt und den Slogan
„**Keep Portland Weird!**" mitgeprägt.

„Schräg" bezieht sich in Portland
nicht unbedingt auf „durchgedreht"
oder „exzentrisch", eher auf „liebens-
wert anders". Auf den ersten Blick
eine typische amerikanische Großstadt, gehen die Uhren hier doch etwas anders. Wer „P-Town" besucht,
wird die spezifischen Eigenarten und
Skurrilitäten schnell bemerken.

Bekanntlich zeichnet die Amerikaner im Allgemeinen aus, dass sie
höflich und zuvorkommend sind. Die
Oregonians gelten in den USA als besonders *polite*. So witzelt man, dass
es im **Straßenverkehr von Portland**
deshalb so zäh vorangeht, weil jeder

jedem den Vortritt lässt und Autofahrer schon anhalten, wenn ein Fußgänger nur daran denkt, die Straße zu
überqueren. „Wenn hier einer hupt,
dann ist er sicher aus Kalifornien",
heißt es. Überhaupt geht ein Portlander lieber zu Fuß, fährt umweltfreundlich mit dem Fahrrad oder nutzt den
öffentlichen Nahverkehr. Das Auto
dient in erster Linie für Ausflüge ins
Umland.

Vielleicht sind es gerade diese **Ge-
lassenheit und Entspanntheit,** die
den Reiz der Stadt ausmachen. Dabei ist Portland mit über 650.000
Menschen – im Großraum fast 2,4
Mio. – durchaus eine „Metropole",
vor allem, wenn man bedenkt, dass
im ganzen Bundesstaat Oregon nur
um die 4,2 Mio. Menschen leben. Es
geht gemächlich zu, allerdings nur an
der Oberfläche, darunter brodelt es.
Portland zählt in den USA zu den derzeit **hippsten und coolsten Städten**
und wird von einschlägigen Magazi-

☐ *Panoramablick
über Downtown Portland*

nen regelmäßig unter die Top 10 der „Nerdiest Cities in America" gewählt. Seit einigen Jahren hat sich herumgesprochen, dass Angesagtes, neue Trends und Moden vielfach in Portland ihren Ursprung haben.

Portland ist eine der umweltbewusstesten Metropolen der Welt und eine Fahrradstadt, dazu eine kulinarische Hochburg, ein Bier-, Destillerie- und Kaffeezentrum. Die Stadt ist gegenüber Neuem stets aufgeschlossen und gleicht einem großen **kreativen Laboratorium:** Streetfood und Food Trucks haben hier ihren Siegeszug angetreten, Bierbrauer und Baristas sorgen für geschmackvolle „brews", Urban Gardening, begrünte Dächer und Radwege gehören ebenso zum Stadtbild wie „Funny Hats and Big Beards", Tattoostudios und Vintage Clothing, Skateboards und Sneakers. Scheinbar verfügt jeder Bewohner über ein **DIY-Gen** („DIY" steht für „Do-it-Yourself"), denn kaum woanders gibt es so viele Bastler und Erfinder, Künstler und Kunsthandwerker, noch dazu mit so ausgeprägtem Heimatbezug und Umweltbewusstsein. Das ReBuilding Center (s. S. 35) ist nur ein Beleg dafür.

Die Stadt in Zahlen
Gründung: 1845 (offiziell zur
    Stadt erklärt am 8.2.1851)
Stadtfläche: 376 km²
Höchster Punkt: 362 m
Niedrigster Punkt: 0,2 m
    (Columbia River)
Einwohner: ca. 650.000, im Großraum
    (Metro Area) ca. 2,4 Mio.
Bevölkerungsdichte: ca. 1700 EW/km²
Spitznamen: City of Roses, Stumptown,
    PDX, Bridgetown, Rip City, Beervana
    u. v. a.

Von den Anfängen bis zur Gegenwart

Portland ist die größte und bedeutendste Stadt im Bundesstaat Oregon, allerdings nicht die Hauptstadt – das ist Salem. Die erste Siedlung entstand erst um die Mitte des 19. Jahrhunderts. Schon 1829 war hingegen das im Süden gelegene **Oregon City**, heute fast ein Vorort von Portland, entstanden und das jenseits des Columbia River im Norden der Stadt gelegene **Fort Vancouver** war sogar schon 1824 von der Hudson's Bay Company als neues Handels- und Verwaltungszentrum gegründet worden.

Natürlich siedelten die „Weißen" nicht im menschenleeren Raum. Wie in anderen Teilen Amerikas, waren auch im Nordwesten schon seit Jahrtausenden die sog. **Indianer** (s. S. 92) beheimatet. Aus indianischer Sicht ist Nordamerika ein „Alter Kontinent" und es wird viel und kontrovers diskutiert, wann die Ahnen der Indianer den nordamerikanischen Subkontinent erstmals betreten haben.

Archäologische Funde und wissenschaftliche Untersuchungen weisen darauf hin, dass Einwanderer aus dem fernen Asien eine während der Eiszeiten existierende Landbrücke benutzt hatten, um den Bereich der Beringstraße trockenen Fußes zu überqueren und auf den amerikanischen Kontinent zu gelangen. Aber nicht nur das: Es scheint mehrere Besiedelungswellen gegeben zu haben. Einige Gruppen könnten auch mit Booten entlang der Westküste – vielleicht sogar über den Atlantik – auf den Kontinent gelangt sein. Nach neuestem Forschungsstand lassen sich die **ältesten menschlichen Spu-**

Reise ins Ungewisse

*1804 war eine wegweisende Expedition „ins Ungewisse" aufgebrochen: Die Offiziere Meriwether Lewis und William Clark sollten im Auftrag des damaligen Präsidenten Thomas Jefferson mit dem **Corps of Discovery** den unbekannten Westen des nordamerikanischen Kontinents erkunden und einen schiffbaren Weg zum Pazifik finden. Im **November 1805** erreichte das Expeditionscorps nahe dem heutigen Astoria das Ziel der Reise, den Pazifik, und ein Jahr später war die Truppe wieder zurück am Ausgangspunkt in St. Louis.*

*Jefferson hatte 1803 Napoleon für nur 15 Mio. Dollar die Ansprüche auf das Land zwischen Mississippi und Rocky Mountains abgekauft. Dieser „**Louisiana Purchase**" vergrößerte das Staatsgebiet der USA um ein Vielfaches. Die Forschungsreise sollte die amerikanischen Ansprüche gegenüber Briten, Spaniern und Indianern untermauern, jedoch auch Erkenntnisse über das weitgehend unbekannte Stück Land bringen.*

Jefferson hatte seinen Vertrauten und Privatsekretär Meriwether Lewis

*beauftragt, ein **Expeditionscorps** zusammenzustellen. Mit Lewis' Freund aus Militärzeiten, William Clark, 26 Soldaten, George Drouillard – einem Shawnee-Halbblut, als Jäger und Fährtenleser arbeitend –, York, dem Sklaven Clarks, Sacagawea, einer jungen Shoshone-Indianerin mit ihrem Baby Jean-Baptiste (Spitzname „Pomp") und ihrem frankokanadischen Ehemann Charbonneau sowie Lewis' Hund Seaman brach die Truppe 1804 auf.*

*Eine schiffbare Verbindung vom Mississippi zum Pazifik fanden sie zwar nicht, doch die **Tagebücher der beiden Offiziere** mit detaillierten Aufzeichnungen zu Landschaft, Flora, Fauna und Indianern, illustriert durch Karten und Zeichnungen, stellen ein bedeutendes historisches Dokument dar und sind eine der ersten wissenschaftlichen Feldstudien Nordamerikas. Zudem legte die Reise die Basis für die Besiedelung in den folgenden Jahrzehnten und damit für die Eroberung des Westens – und den Niedergang der Indianer.*

> *❭ **Lesetipp:** Stephen E. Ambrose, „Undaunted Courage" (1996). Das wohl beste Buch über die Expedition.*

ren in Nordamerika auf mindestens 14.000 v. Chr. datieren. Es mehren sich jedoch Funde und Fundstellen, auch in Südamerika, die sogar auf noch frühere Besiedelung hindeuten.

Zeitabriss in Stichpunkten

1543: Die Besatzungen einer kleinen spanischen Flotte unter Juan Rodríguez Cabrillo erforschen als erste weiße Abgesandte das Mündungsgebiet des Columbia River und die Oregon Coast.

1579: Francis Drake beansprucht den Nordwesten für die englische Krone.

18. Jh.: Immer mehr Schiffe erreichen die Oregon Coast, u. a. 1774 eine spanische Flotte unter Juan José Pérez Hernández und vier Jahre später der Brite James Cook mit seinen Leuten. Die Nordwestküste wird zur Station auf der Handelsroute Richtung Asien.

1805/6 erreichen mit dem Corps of Discovery (s. oben) erste „Weiße" vom Inland kommend den Pazifik bei Fort Clatsop.

„Indianer", „Ureinwohner" oder was?

„Indianer" – federgeschmückte Reiter und Tipis? Dieser Gemeinplatz geht zurück auf die Mitglieder eines bestimmten Kulturkreises, nämlich der Prärie-Indianer, zu denen die berühmten Lakota oder Comanches gehören. Als Nomaden lebten sie in Zelten. Ansonsten weisen die meisten indianischen Völker – allein in den USA gibt es über 550 offiziell anerkannte – kaum Gemeinsamkeiten auf, weder was Lebensweise und Sprache, noch was die Traditionen angeht.

Als politisch korrekt gelten die Bezeichnungen „Native Americans" oder „Native People", im Deutschen unzureichend mit „Ureinwohner" wiedergegeben. Allerdings ist diese Bezeichnung seitens der so Benannten wenig beliebt, da ja streng genommen jeder in Nordamerika Geborene ein „Native American" oder „Ureinwohner" ist. Ein Indianer benutzt lieber seine Stammeszugehörigkeit, bezeichnet sich als Apache, Lakota, Nez Perce, Hopi oder Navajo. Ist der Stamm aber nicht bekannt, ist die Bezeichnung „American Indian" – also „Indianer" – durchaus in Ordnung.

1811 kommt der Forscher David Thompson im Auftrag der North West Company an die Küste und im gleichen Jahr entsteht mit Fort Astoria, dem Handelsposten der Pacific Fur Company, die erste permanente Siedlung in Oregon. 1812 gelangt der Posten in den Besitz der North West Company und 1821 wird Fort Astoria, dann „Fort George" genannt, Teil des Imperiums der Hudson's Bay Company (HBC).

1812–1848: Der Nordwesten wird als gemeinsames Interessengebiet der englischen Krone und der USA angesehen. Das sog. Oregon County bzw. der Columbia District umfasst die heutige kanadische Provinz British Columbia und die US-Bundesstaaten Oregon, Washington und Idaho sowie Teile von Montana und Wyoming. Politisch und wirtschaftlich wird die Region von der britischen HBC kontrolliert.

1825: Die HBC errichtet mit Fort Vancouver am Nordrand des heutigen Portland den ersten Handelsposten im Inland.

1829: Oregon City wird als Außenposten von Fort Vancouver aus gegründet. 1844 wird der Posten offiziell zur Stadt.

1840er-Jahre: Die eigentliche „weiße" Besiedelung beginnt 1841, als die HBC gezielt Kanadier um Fort Vancouver ansiedelt. Zugleich nutzen 1842/1843 erstmals Siedler aus den USA den Oregon Trail (s. S. 44), um ins „Gelobte Land" zu gelangen – zum Missfallen der HBC. Der sich anbahnende Konflikt zwischen Briten und den USA mündet 1846 im Oregon Treaty, der den 49. Breitengrad zur neuen Grenze erklärt. Der Vertrag tritt 1848 in Kraft. Aus dem nördlichen Teil entsteht später die kanadische Provinz British Columbia, das US-Gebiet wird Oregon Territory.

1845: Viele der zwischen Oregon City und Fort Vancouver pendelnden Händler, Trapper und Indianer verweilen auf halber Strecke auf heutigem Stadtgebiet von Portland nahe der Burnside Bridge auf einer Lichtung, „Clearing" genannt. 1845 wird ein gewisser William Overton auf die fruchtbaren Böden aufmerksam und tut sich mit dem Anwalt Asa Lovejoy aus Oregon City zusammen. Sie stecken einen Claim ab und geben dem Ort den Namen Stumptown – wegen der vielen Stümpfe abgeholzter Bäume auf der Lichtung. Overton zieht der Goldrausch 1849 nach Kalifornien, er verkauft seine Anteile an den Händler F.W. Pettygrove.

1850: Mit dem „Oregonian" wird von Thomas J. Dryrer die älteste, bis heute publizierte Tageszeitung der Westküste

049po-mb

gegründet. Anfangs eine Wochenzeitung, erscheint sie seit 1861 täglich.

1851: F.W. Pettygrove, der aus Portland/ Maine stammt, und Asa Lovejoy aus Boston/Massachusetts beginnen 1851, die Siedlung auszubauen und am Landverkauf zu verdienen. Als Stadtname setzt sich – mangels Einigkeit per Münzwurf entschieden – „Portland", der Vorschlag Pettygroves, durch. Der „Portland Penny" geht in die Geschichte ein und wird heute im Oregon History Museum aufbewahrt.

1853: Das Oregon Territory wird in Oregon und Washington Territories aufgespalten. Am 14.2.1859 wird Oregon als 33. Bundesstaat in die Union aufgenommen.

1873: Am 2. August bricht das größte Feuer in der Stadtgeschichte aus. Es zerstört in 12 Stunden fast die gesamte Innenstadt. Nach diesem Great Fire geht der Wiederaufbau zunächst nur schleppend voran.

1883: Dank der geografisch günstigen Lage am Columbia River und nahe der Küste fungiert Portland als wichtiger Hafen, doch erst mit der Ankunft der Eisenbahn wächst die Bedeutung als wichtige Stadt zwischen San Francisco und Seattle. Das vormals bedeutende Oregon City wird zum beschaulichen Vorort.

1887: In Portland eröffnet die erste Stahlbrücke (Morrison Bridge) westlich des Mississippi.

1894: Im Mai drückte Hochwasser vom Columbia über den Willamette River in die Stadt und lässt diesen den höchsten Stand bis heute erreichen. Durch die Great Flood wird fast die gesamte Stadt überschwemmt. Das Hochwasser dauert 24 Tage, Holzstege werden gebaut und Geschäfte in den ersten Stock verlegt. Manche ziehen auf Hausboote um. Der Zugverkehr stoppt und zum einzigen Mal in der Stadtgeschichte muss die Portland Gas Company ihren Betrieb einstellen. Die Einwohner nutzen kleine Boote als Verkehrsmittel und feiern „floating parties". Der Schaden ist groß, allein an die 100 Häuser werden von den Fluten weggeschwemmt.

⌃ Fort Clatsop, Astoria: Hier verbrachte das Corps of Discovery (s. S. 91) einen harten Winter

1896: Die Union Station wird eröffnet.

1900–1930: Die Einwohnerzahl verdreifacht sich von etwa 100.000 auf über 300.000.

1907: Das erste Rose Festival findet statt, zehn Jahre später wird der Rose Test Garden eingerichtet.

1940: Flughafeneröffnung

Der Name Oregon

*Wie sich der Name **Oregon** ethymologisch ableitet, ist unklar: Vielleicht vom spanischen „orejón" („Große Ohren" nannten die Spanier Indianerstämme, die Ohrringe trugen) oder von Aragon (nach der gleichnamigen spanischen Region), vom französischen „origan" (Oregano) oder von „ouragon" (Orkan)?*

*In einer Petition des britischen Offiziers Robert Rogers von 1765, in der er den englischen König um Unterstützung bei einer Expedition bat, ist erstmals von einem Fluss im Nordwesten, den „die Indianer **Ouragon** nennen" die Rede. In der Tat gibt es bei vielen Stämmen ähnliche Namen, wie „ooligan" in Chinook, „wauregan" in Algonquian oder „ogwa pe-on" in Shoshone. 1778 beauftragt Rogers dann Jonathan Carver damit, den Nordwesten zu erforschen, und dieser benutzt in seinen „Travels through the Interior Part of North America" den Namen **Oregon** für den „Great River of the West". In der Folge wurde der Name auf ersten Karten für den heutigen Columbia River verwendet und nachdem er auch 1817 in William Cullen Bryants Gedicht „Thanatopsis" auftauchte, in dem er auch die Expedition von Lewis & Clark feiert, wurde er zum Synonym für den Nordwesten.*

1960er: Im Schatten San Franciscos entwickelt sich Portland zur neuen Hippie-Hochburg und zum Zentrum alternativer Lebensformen und des Umweltschutzes.

1964: Der Läufer Phil Knight gründet die Sportfirma Blue Ribbon Sports – daraus wird später der Weltkonzern Nike.

1971: Mit Powell's eröffnet einer der größten Buchläden der Welt.

1974: Intel zieht von Kalifornien nach Hillsboro, ein Vorort von Portland.

1977: Die Portland Trail Blazers gewinnen die Basketball-Meisterschaft und sorgen für eine Euphorie in der Stadt, die bis heute anhält.

1986: Die ersten Linien von MAX Light Rail läuten die moderne Ära des Nahverkehrs ein.

1988: Das erste Oregon Brewers Festival wird abgehalten. (Schon 1856 hatte der deutsche Einwanderer Henry Weinhard eine erste Brauerei gegründet.)

1990er-Jahre: Portland wird dank Nike, Doc Martens, Intel oder Columbia wirtschaftlich bedeutend.

1992: Der erste Farmers Market findet statt.

2001: Erstmals verkehrt die Portland Streetcar.

2008: Chaos im Dezember: Der schwerste Schneesturm seit über 40 Jahren legt die Stadt lahm.

2009: Mit den Portland Timbers kehrt erstklassiger Fußball *(soccer)* in die Stadt zurück. Sie gewinnen 2015 ihren ersten Titel.

2015: Mit Tilikum Crossing wird die erste Brücke seit 1973 eröffnet. Sie ist für Fußgänger, Radler und öffentlichen Nahverkehr.

2021: Die Leichtathletik-WM (erstmals in den USA) findet in Oregon (Eugene) statt.

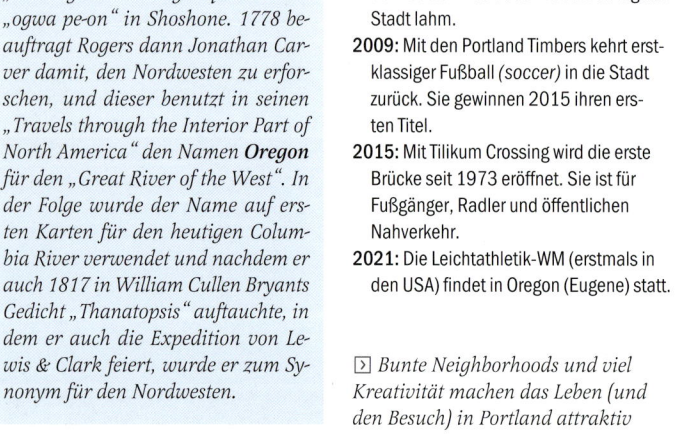

▷ *Bunte Neighborhoods und viel Kreativität machen das Leben (und den Besuch) in Portland attraktiv*

Leben in der Stadt

Viele verbinden Portland mit Regen und es regnet in der Tat oft: etwa an 160 Tagen im Jahr, allerdings selten lang und selten heftig. Es ist oft eher ein „mist" (Nieselregen) und es ist oft bewölkt. Dafür gibt es aber auch selten Schnee und Eis und dazu scheint die Sonne an rund 150 Tagen im Jahr.

Regen hin, Sonne her – wer hier lebt, schwärmt nicht vom Wetter, sondern von der „City of Books, Beers, Bikes and Blooms". Auf etwa 3000 der gut 650.000 Einwohner kommt ein Buchladen und auf je etwa 1200 eine Kleinbrauerei! Letzteres verhalf Portland zum Beinamen „Microbrew Capital of the World" oder „Munich by the Willamette". Von den über 200 Brauereien in Oregon befinden sich allein an die 70 in Portland – die von Brauereien betriebenen Pubs nicht eingerechnet.

Portland, dessen Großraum sich über mehrere Anhöhen um den Willamette River und den Columbia River hinzieht, hat mehr zu bieten als nur massenhaft Grün und Abenteuer an der frischen Luft: Die Kunst-, Kultur- und Musikszene ist vielseitig, mit hochkarätigen Museen, kleinen innovativen Bühnen und Musikklubs und Bands wie „Pink Martini", „Decemberists" oder „The Shins", die weltweit Aufmerksamkeit auf sich ziehen. Zudem versteht sich die Stadt als Vorreiter in Sachen Umweltschutz, Energiesparen und Nachhaltigkeit.

Die **Portlander** – etwa zu 72 % weiß, mit ca. 10 % hispanischem, 6 % afroamerikanischem und 8 % asiatischem Anteil – ticken anders und sind gelassener. **Entspanntheit und Toleranz**, auch was den Umgang mit **Cannabis** – in Oregon legal – oder mit den vielen auf die Straße lebenden Menschen angeht, gehört zum Charakter der Bewohner. Was aber nicht heißt, dass sich das Stadtklima mit wachsender Beliebtheit und Zuwanderung nicht auch allmählich verändert. Das **Haushaltseinkommen** ist in Portland ebenso höher als der Durchschnitt wie der **Bildungsstandard**. Allein an der PSU, der staatlichen Universität, sind über 20.000 Studenten eingeschrieben, und sie ist nur eine von mehreren Hochschulen.

Politik und Umwelt

Oregon gilt wie die Nachbarstaaten Washington und Kalifornien als **demokratisch-liberale Hochburg.** Lediglich im agrarischen Hinterland haben die Republikaner die Oberhand, doch da die Bevölkerungsmehrheit im Großraum Portland lebt – etwa die Hälfte aller Einwohner Oregons – und demokratisch wählt, liegt die Mehrheit bei den **Demokraten.** Beide Senatoren und vier der fünf Repräsentanten, die den Staat im Kongress in Washington D.C. vertreten, gehören dieser Partei an. Gleiches gilt für beide Abgeordnetenhäuser im Bundesstaat selbst: Im Oregon State Senate sind derzeit 17 der 30 Sitze von Demokraten besetzt, im Oregon House of Representatives sind es 35 von 60 Sitzen.

In der Sitzverteilung spiegelt sich die **Zweiteilung des Staates** wider: Der bevölkerungsreiche Westen zwischen Cascades und Küste ist traditionell liberal, der dünn besiedelte Rest des Staates, v. a. im Osten, konservativ. In den Wählerverzeichnissen sind 50 % als Wähler mit demokratischer Tendenz eingetragen, aber nur 11 % seitens der Republikaner. Deshalb konnte und kann Oregon auch viele „**linke Ideen**" umsetzen, so im Bereich Gesundheit (Public Health Care), bzgl. des „recreational use" (d. h. nicht nur zu medizinischen Zwecken) von Marihuana, des begleiteten Sterbens oder auch im Hinblick auf Gesetze zum Schutz der Umwelt.

In Portland selbst ist sowohl das Bürgermeisteramt als auch jenes der vier Commissioner, die den City Council bilden, von Demokraten besetzt. Häufig gelingt es sogar Bürgeraktivisten, in diese Stadtregierung einzuziehen. Bürgermeister und City Council sind jeweils für vier Jahre gewählt, eine Begrenzung der Amtszeiten gibt es nicht. Seit 2017 ist **Ted Wheeler** 53. Bürgermeister der Stadt, zuvor war er Finanzminister des Bundesstaats Oregon. Als Kontrollinstanz der Stadtregierung dient der **City Auditor,** seit 2015 ist dies Mary Hull Caballero.

☐ *Skigebiet in nächster Nähe: Mt. Hood* **31** *(im Hintergrund) ist schnell erreicht*

052po-tp

Portland ist eine sehr **umweltbewusste und grüne Stadt.** Das liegt nicht allein an den geografischen Gegebenheiten mit vielen Parks und bewaldeten Hügeln rund um die Stadt. Portland ist auch eine der führenden Fahrradstädte der Welt (s. S. 115) und vorbildhaft, was das Radwegenetz angeht. Dazu ist der **Nahverkehr** perfekt ausgebaut, was bedeutet, dass der Autoverkehr in der Stadt nur die zweite Geige spielt. Im Zentrum der „Öko-Hipster" legt man Wert auf gesunde Ernährung und tierfreundliche, umweltfreundliche, energiesparende – kurzum nachhaltige – Verhaltensweisen.

Grünes Bauen und Energiesparen wird im öffentlichen und privaten Bereich forciert, doch Portland gilt als ökologische Musterstadt in jeder Hinsicht. Speziell der **Pearl District** in der westlichen Downtown macht als Eco District von sich reden. Hier befindet sich das **EcoTrust Building** (s. S. 27), ein Musterbeispiel für grünes Bauen und zugleich Sitz des Office of Sustainable Development. In dieselbe Sparte fällt das **ReBuilding Center** (s. S. 35) im Historic Mississippi District im Nordosten der Stadt. In diesem von einer ehrenamtlichen Initiative betriebenen „Gebraucht-Bau- und Möbelmarkt" kann man re-

Outdoor-Zentrum Portland

*Portland und Oregon sind ein Outdoor-Mekka und dazu ein Zentrum der Sportartikelhersteller. Nicht nur die weltberühmte Firma Nike ist im Großraum beheimatet, auch die bekannte Marke Columbia Sportswear kommt aus PDX. **Nikes** Wurzeln liegen in der Laufschuhfirma Blue Ribbon Sports, die 1964 vom Leichtathletiktrainer Bill Bowerman und dem Wirtschaftswissenschaftler Philip Knight gegründet wurde. Ab 1972 produzierte man unter dem Namen „Nike" – nach der antiken griechischen Siegesgöttin – Schuhe, die Sportstars wie der Basketballer Michael Jordan weltbekannt machten.*

*Die Wurzeln von **Columbia Sportswear** reichen zurück ins schwäbische Augsburg. Der jüdische Textilfabrikant Paul Lamfrom war 1937 aus Deutschland nach Portland geflohen und hatte dort 1938 die Columbia Hat Company gegründet, die bald auch Outdoorbekleidung herstellte. Bis heu-*

te ist der Familienbetrieb in Portland zu Hause, dazu gehören inzwischen Brands wie Sorel, Mountain Hardwear oder Pacific Trail.

*Die Liste der Outdoor Companys aus Portland bzw. Oregon ist lang. So gelten die Rucksäcke von **Dakine** (gegründet in Hawaii, zu Hause in Hood River) inzwischen überall als cool und die Wanderschuhe und Sandalen von **Danner** und **Keen** sind ebenfalls weltweit im Handel.*

*Bei keinem Outdoortrip fehlen dürfen die Multitools, Messer und Taschenlampen von **Leatherman.** Zwischen 1975 und 1980 hatte der Ingenieur Timothy S. Leatherman die Idee eines Vielzweckwerkzeugs für die Hosentasche entwickelt; 1983 gründete er die Firma.*

*Die 2011 gegründete Firma **Poler** hat sich einen Namen für praktische Rucksäcke, Outdoorkleidung und Camping-Accessoires, Zelte und Schlafsäcke gemacht.*

cycelte Bau- und Einrichtungsmaterialien von Nägeln und Werkzeug über Möbel und Badewannen bis zu Dachbalken kaufen bzw. „entsorgen".

Music Made in PDX

Die Band **Pink Martini** hat inzwischen einen hohen Bekanntheitsgrad, doch wohl nur die wenigsten wissen, dass dieses „Little Orchestra", das Musikstile aus aller Welt zu einem unvergleichlichen Sound verschmelzen lässt, aus Portland stammt.

Die Band ist jedoch nur ein Beispiel für die ausgefallene Musikszene der Stadt. Der „Portland Sound" setzte sich in den frühen 1960er-Jahren durch: 1962 wählten **Paul Revere & the Raiders** aus Boise/Idaho Portland als neue Heimat und im April 1963 wurden die **Kingsmen** mit ihrem Hit „Louie Louie" weltberühmt. Seither gilt die Stadt in eingeweihten Kreisen nicht nur als Geheimtipp, sondern auch als Hochburg des Indie-Rock, als das Blueszentrum der Westküste und als Bastion von Folk und Heavy Metal.

Hier ein paar **Musiktipps** neben Pink Martini:

> **The Dandy Warhols:** Ihr Song „Bohemian Like You" gilt als Portlands Hymne. 2016 veröffentlichte die Rockband mit „Distortland" ihr 9. Studioalbum.

> Auch wenn **Sleater-Kinney** aus dem benachbarten Washington stammt – die Punkband tritt bevorzugt in PDX auf.

> **Agalloch** zählt seit über 20 Jahren zu den besten Metalbands des Landes, **Toxic Holocaust** und **Red Fang** sind weitere bekannte Vertreter dieser Musikrichtung. **Kutless** kennt man als Metal-, aber auch als Christian Rockband.

> Die **Chromatics** um Mastermind Johnny Jewel sind eine der einflussreichsten Indiebands.

> Doug Applings Elektronikband **Emancipator** ist eher bekannt für schmeichelnde Instrumentals als für Dance Beats.

> **Unknown Mortal Orchestra** von Ruban Nielson ist stark von Prince beeinflusst.

> **Everclear** wurde 1991 in PDX gegründet und zählt zu den bekanntesten Alternative-Rockbands der USA.

> **The Decemberists** sind die bekannteste Indie-Folkrockband des Nordwestens, einen Namen hat sich inzwischen auch das Indie-Folkduo **She & Him** (Zooey Deschanel, M. Ward) gemacht.

> **The Shins** ist eine weitere angesagte Indie-Band aus PDX. Bandleader James Mercer betreibt mit **Broken Bells** eine weitere „funky, psychedelic" Band. Einen ähnlichen Stil mischen die **Genders** oder **Psychomagic**.

> **Lilacs & Champagne** von Emil Amos und Alex Hall präsentieren „psychedelic/experimental" Hip-Hop und Rock.

> Die Stilrichtungen Grunge und Punk verkörpern **Sama Dams** oder die Frauenband **The Ghost Ease**.

> Mit **Untouchable Krew** bzw. **U-Krew** hat sich Portland in den 1990er-Jahren auch im Hip-Hop einen Namen gemacht.

> Zu den berühmten Musikern der Stadt gehören **Brad Wilk,** Schlagzeuger der Band Rage Against the Machine, **Tommy Thayer,** Lead Guitarist von Kiss, oder der Trompeter **Chris Botti,** der schon mit Joni Mitchell, Paul Simon oder Sting spielte, aber auch solo auftritt. **Robert Cray** gilt zusammen mit **Curtis Salgado** als berühmtester Bluesmusiker der Stadt, **Esperanza Spalding** ist Portlands derzeit angesagter „Jazz Darling".

> *Begeisterte Fußballfans:*
Portland gilt als die Fußball-Hochburg Nordamerikas

053po-tp©Craig_Mitchelldyer

Soccer City USA

Begeisterung für Fußball? Das ist nicht der Normalfall in den USA, wo sich alles um American Football und Baseball, Basketball oder Eishockey zu drehen scheint. Doch weit gefehlt: Längst hat „soccer" die Herzen der amerikanischen Sportfans erobert und Portland gilt sogar als „Soccer City USA".

Wer zu einem Heimspiel der **Timbers** in Portland ist, glaubt sich in eine europäische Fußballhochburg versetzt: Fans mit grünen Schals und in den Trikots der Timbers sind singend und Fahnen schwenkend, zu Fuß, mit dem Fahrrad oder mit der Straßenbahn zum Stadion unterwegs. Der Providence Park befindet sich nicht wie so oft an der Peripherie, sondern günstig am westlichen Rande von Downtown, mitten im angesagten Wohnviertel Goose Hollow.

Fußballbegeisterung ist in Portland kein neues Phänomen. Bereits in den 1970er-Jahren bezeichnete die US-Presse Portland als „Soccer City USA". Zwischen 1975 und 1982 spielten die Portland Timbers in der ersten US-Profiliga **NASL (North Ame-**

rican Soccer League) und wurden dort 1975 Vizemeister. Schon damals pilgerten an die 20.000 Fans zu den Heimspielen in die damals noch „Civic Stadium" genannte Arena. Der **Providence Park** stammt im Kern von 1926, wurde aber inzwischen mehrfach umgebaut und renoviert. Derzeit wird erneut erweitert und bis 2019 sollen 25.000 Plätze zur Verfügung stehen. 15.300 Saisonkarten werden jährlich ausgegeben – mehr lässt der Verein nicht zu –, doch auf der Warteliste stehen über 10.000 Namen. Das Stadion ist zu jedem Spiel ausverkauft, und das schon seit über fünf Jahren!

Die Wurzeln von Fußball *(soccer)* in PDX reichen jedoch noch weiter zurück: Schon 1904 wurde der **Portland Association Football Club (PAFC)** gegründet. Bereits zu Thanksgiving 1907 reiste das Team mit großer Fangemeinde zum ersten Lokalderby nach Seattle. 1908 entstand die erste Stadtliga und vier Jahre später wurde die **Oregon Soccer Football Association** gegründet.

Für die heutigen Timbers begann die Geschichte mit der NASL zwischen 1975 und 1982. Damals legte das Team mit Spielern wie Clive

Charles oder John Bain die Grundlage für die heutige Fußballbegeisterung. Nach dem Bankrott der NASL wurde es still in der Fußballszene, doch als 2001 die zweitklassige **USL (United Soccer League)** ins Leben gerufen wurde, waren die Timbers wieder dabei. Zehn Jahre lang – bis 2010 – gehörten sie zu den Topteams, 2009 stellten sie mit 24 Spielen ohne Niederlage sogar einen bis dato gültigen Rekord auf. Im selben Jahr wurden die Timbers offiziell in die erstklassige **MLS (Major League Soccer)** aufgenommen, in der sie seit 2011 aktiv mitmischen und 2015 sogar Meister wurden.

Die „Soccer City USA" lebt von der 2001 gegründeten Fangruppe **Timbers Army** – wie alle Tifosi in der Nordkurve zu Hause. Sie sorgt bei jedem Heimspiel für einen Hexenkessel im „Piggy", wie die Fans das Stadion nennen. Berühmt sind die Choreografien der Timbers Army, die sogar hierzulande schon im vielgelesenen Fanmagazin „11 Freunde" gewürdigt wurden. Die Gruppe ist auch sozial aktiv und organisiert z. B. Auswärtsreisen und Spendenaktionen. Es gibt mittlerweile mehrere Untergruppen und Fangruppen in ganz USA und in aller Welt. Man betreibt eine eigene Fanliga in Portland und hat sich mit den **Rose City Riveters**, dem Fanklub der Frauen-Profimannschaft Portland Thorns FC, zusammengeschlossen.

Für Stimmung ist also gesorgt. Zu den Traditionen der Timbers Army gehört beispielsweise gleich nach Anpfiff die Vereinshymne, „Portland Boys". Schießt der Gegner ein Tor, wird „Rose City 'Til I Die" gesungen und in der 80. Spielminute stimmt das ganze Stadion in „You Are My Sunshine", gefolgt von „Can't Help Falling In Love" ein. Erzielen die Tim-

bers ein Tor, läuft eine eher ungewöhnliche Zeremonie ab: Das offizielle Maskottchen, **Timber Joey**, ein gestandener Holzfäller, wirft seine Kettensäge an und sägt unter dem tosenden Jubel der Fans eine dicke Scheibe vom „victory log" ab, einem mächtigen Baumstamm, der die ganze Saison über vor der Nordkurve liegt. Nach dem Spiel bekommen die Torschützen diese Scheiben als Souvenir überreicht.

Die Timbers und der **Portland Thorns FC**, eine der beliebtesten Frauen-Profimannschaften in den USA, sind beide im Besitz der Familie Merritt Paulson. Vater Henry war einst Chairman von Goldman Sachs und unter Präsident George W. Bush 2006 bis 2009 Finanzminister. 2012 gegründet, spielen die Thorns seit 2013 in der Frauen-Profiliga **National Women's Soccer League (NWSL)** und gewannen schon zweimal den Titel (2013 und 2017). Ungewöhnlich ist die Euphorie, die dem Team um berühmte Spielerinnen wie die Kanadierin Christine Sinclair oder die US-Nationalspielerinnen Adrianna Franch, Tobin Heath, Emily Sonnett oder Lindsey Horan im Providence Park entgegengebracht wird: Über 17.000 Fans (!) feuern die Spielerinnen an.

- **236** [cn] **Providence Park**, 1844 SW Morrison St., www.providenceparkpdx.com, MAX Blue/Red „Providence Park"

❯ **Portland Timbers**, Infos und Tickets: www.timbers.com. Die Timbers 2, die Nachwuchsmannschaft in der zweitklassigen USL, ist eine Alternative, falls man keine Tickets bekommt: www.timbers.com/t2.

❯ **Portland Thorns**, Tickets und Infos: www.timbers.com/thornsfc

237 [cn] **Timbers Team Store**, 1919 SW Morrison St., Di.–So. 12–18 Uhr

PRAKTISCHE REISETIPPS

An- und Rückreise

Reiseplanung und Flüge

Derzeit fliegt nur **Condor nonstop** von Frankfurt nach Portland, von Mai bis Ende Oktober je nach Saison ein- bis dreimal die Woche. Von anderen Flughäfen und mit anderen Gesellschaften, z. B. Lufthansa oder United, KLM/Delta, British Airlines, Air Canada, Icelandair, Austrian oder Swiss ist **mindestens einmaliges Umsteigen** nötig. Findet der Zwischenstopp in Europa (z. B. London, Amsterdam, Keflavik) statt, hat das den Vorteil, dass das Gepäck bis zum Endziel durchgecheckt wird. In den USA durchläuft der Reisende am ersten Flughafen die Immigration-Prozedur und das Gepäck muss abgeholt und neu eingecheckt werden.

Die **reine Flugzeit** beträgt **rund 11 Stunden**. Je nach Saison und Anbieter beginnen die Preise bei 600 € und steigen auf ca. 1500 €. Am teuersten ist die Hauptreisezeit von Juni bis September. Vergleichen lohnt sich auch bei den Gepäckgebühren, da z. B. bei Lufthansas neuem „Economy Light"-Basistarif aufgegebenes Gepäck extra berechnet wird. Und wer fliegt schließlich nur mit Handgepäck in die USA?

Da der Großteil der Umsteigeverbindungen am Abend in PDX landet und die **Zeitverschiebung 9 Stunden** beträgt, lassen sich die Auswirkungen des **Jetlag** beim Hinflug weitgehend vermeiden. Die Tage nach der Rückkehr bereiten in der Regel größere Probleme, da man als Economy-Passagier meist wenig schläft und übermüdet am Morgen oder Vormittag zu Hause ankommt.

Ankunft am Flughafen

Der **Portland International Airport (PDX)** ist ein mehrfach ausgezeichneter, angenehm überschaubarer Flughafen. Er besteht aus fünf Terminals – **Concourses A bis E** –, wobei für Reisende aus/nach Europa v. a. die Terminals D (Condor, Delta) und E (Air Canada, United) relevant sind. Gratis-WLAN steht zur Verfügung und außer den üblichen Imbissmöglichkeiten auch Food Carts, lokale Brewpubs und eine Infostelle.

Der Flughafen befindet sich **im Nordosten der Innenstadt** am Columbia River und ist je nach Lage der Unterkunft rund 16 bis 20 km bzw. je nach Verkehrslage 20 bis 40 Minuten von Downtown entfernt.

●**238** Portland International Airport, 7000 NE Airport Way (via I-84 und I-205 bis Exit 24), www.flypdx.com, Tel. 503 4604234

Vom Flughafen in die Stadt

Vom Flughafen nach Downtown gelangt man am preiswertesten und einfachsten mit der MAX-Schnellbahn (s. S. 126). Deren **Red Line** verbindet PDX für nur $ 2,50 in ca. 35 bis 40 Min. mit Downtown (tgl. von 4.45–23.50 Uhr).

Für eine **Taxifahrt** ist mit ca. $ 35 plus Trinkgeld zu rechnen, die Fahrtdauer liegt je nach Verkehrsaufkommen bei 20 bis 40 Min. Außerdem stoppen Fahrdienste wie **Uber** und **Lyft** an der zentralen Verkehrsinsel („Center Island") außerhalb des Baggage Claim.

◁ *Vorseite: Eigens ausgewiesene, klar gekennzeichnete Radwege machen Portland zur Top-Fahrradstadt*

Am Flughafen befinden sich die Büros aller großen **Mietwagenfirmen.** Nach dem Baggage Claim verlässt man das Gebäude und quert die Zufahrtsstraße zum **Rental Car Center,** das sich auf Level 1 der Short-term Garage befindet. Mit dem Mietwagen braucht man via I-205 und I-84 bestenfalls ca. 20 Min. in die Stadtmitte.

Ankunft per Bahn

Für Nostalgiker und Eisenbahnfans gibt es die Möglichkeit, von Los Angeles, Seattle oder Chicago per Bahn nach Portland zu fahren. Die historische **Union Station** ⓫ liegt am Nordrand von Old Town Chinatown. Der Bahnhof von 1894 mit seinem auffälligen Turm wird von Amtrak-Zügen entlang der Küste – nach/von Kalifornien, Seattle und Vancouver – bedient, außerdem gibt es Verbindungen ent-

△ *Bahnreisende kommen in der Union Station* ⓫ *an*

lang dem Columbia River und durch Ost-Washington, Idaho, Montana und North Dakota Richtung Chicago.
❯ https://deutsch.amtrak.com/home.html

Es gibt folgende **Zugverbindungen:**
❯ **Empire Builder:** von Chicago über Montana (Glacier NP), Spokane nach Seattle bzw. Portland
❯ **Amtrak Cascades:** von Vancouver über Seattle, Portland nach Salem und Eugene
❯ **Coast Starlight:** zwischen Seattle, Portland, der Bay Area und Los Angeles

Autofahren

Wer es einrichten kann, sollte in Portland **auf ein Auto verzichten** und bei einer geplanten Rundreise den Mietwagen erst am letzten Tag des Städteaufenthalts abholen. Abgesehen davon, das die Stadt extrem fahrradfreundlich und der Nahverkehr hervorragend ausgebaut und preiswert ist, kann das **Parken,** vor allem in Hotel-Parkgaragen, teuer werden. Eine Stunde kostet knapp $ 2, für mehr als vier Stunden ist mit ca. $ 15 oder mehr zu rechnen und für Übernachtparken in Downtown-Hotels können $ 30 und mehr anfallen.

Die **Fahrweise** in Portland ist eher zurückhaltend und langsam. Woran man sich erst gewöhnen muss, sind die zahlreichen Radfahrer.

❯ **Infos zu Parkhäusern:** www.portlandoregon.gov/ transportation/35272

❯ **Zum Parken im Freien** an Parkuhren *(meters)* gibt es Infos (und eine interaktive App) unter: www.portlandoregon. gov/transportation/34782

Absolut tabu ist es, in der **Nähe von Hydranten** oder in **Tow-Away- bzw. No-Parking-Zonen** zu parken. Wer einen Strafzettel bekommen hat bzw. abgeschleppt wurde, kann online unter www.portlandoregon.gov/ transportation/34782 Rat erhalten und falls nötig hier bezahlen:

❯ www.courts.oregon.gov/courts/ multnomah/go/Pages/traffic.aspx

Der **Benzinpreis** im Großraum Portland liegt gegenwärtig bei ca. $ 3,20 pro Gallone (3,8 l) „Regular" (Stand: Ende 2018). Aktuelle Preise gibt es unter www.gasbuddy.com.

Barrierefreies Reisen

Die USA sind insgesamt ein gutes Reiseziel für Menschen mit Behinderung („handicapped" oder „disabled people"). Ausgewiesene Parkplätze, Aufzüge und Fußwegabsenkungen sind üblich, ebenso gibt es behindertengerechte Mietwagen. Barrierefreie Hotelzimmer sind vorhanden und die meisten Lokale, Sights und Museen sind auch mit Rollstühlen zugänglich. Der Nahverkehr in Portland ist modern und daher mit Rollstuhlvorrichtungen versehen.

Allgemeine Infos erhält man bei:

❯ **ADAC,** http://adac.de/selbstbestimmt-unterwegs

❯ **SATH,** Society for Accessible Travel & Hospitality, Tel. 212 4477284, www.sath.org

Konkretere Informationen bieten folgende Websites:

❯ http://wheelchairtraveling.com/ portland-oregon-wheelchair-accessible-travel-guide bzw. http:// wheelchairtraveling.com/accessible-attractions-by-portland-or

❯ https://trimet.org/access, Infos zum Nahverkehr in der Stadt

❯ **Oregon Commission for the Blind,** 535 SE 12th Ave., Tel. 971 6731588, www. oregon.gov/blind/Pages/index.aspx

Diplomatische Vertretungen

Die ausländischen Botschaften und Konsulate im Heimatland sind in erster Linie für die Erteilung von Visa zuständig. Ein solches benötigt der „Normalreisende" allerdings nicht (s. rechts). Es gibt **Amerikanische Botschaften** in Berlin, Wien und Bern sowie **Generalkonsulate** in Düsseldorf, Frankfurt, Hamburg, Leipzig und München sowie Zürich und Genf. Details, Zeiten und Adressen finden sich unter:

❯ https://de.usembassy.gov/de/die-botschaft-und-die-konsulate

❯ www.bmeia.gv.at/botschaften-konsulate/suche-nach-auslaendischen-vertretungen-in-oesterreich

❯ https://ch.usembassy.gov

Im Notfall unterstützen die (Honorar-)Konsulate vor Ort:

- **239** [B6] **German Honorary Consulate**, 200 SW Market St., Suite 1775, Portland, OR 97201, Tel. 503 2220490, portland-or@hk-diplo.de
- **240** [A4] **Austrian Honorary Consulate**, c/o Stoel Rives LLP, 760 SW 9th Ave., Suite 3000, Portland, OR 97205–2584, Tel. 503 5529733, chris.hermann@stoel.com

Es gibt keine Schweizer Vertretung in Portland, die nächstgelegene ist bei Seattle:

❯ **Consulate of Switzerland**, 6920 94th Ave. SE, Mercer Island, WA 98040–5442, Tel. 206 2288110, seattle@honrep.ch

Ein- und Ausreisebestimmungen

Einreiseformalitäten

Dank des **Visa Waiver Program (VWP)** ist ein Visum für Staatsbürger von Teilnehmerländern wie Deutschland, Österreich und Schweiz bei einem Aufenthalt von max. 90 Tagen und Vorlage eines Rückflugtickets nicht nötig. Besucher müssen im Besitz eines maschinenlesbaren Reisepasses sein, der mindestens noch die gesamte Aufenthaltsdauer lang gültig ist. Auch Kinder benötigen einen eigenen Pass. Reisende, die sich nach dem 1.3.2011 im Iran, Irak, Jemen oder Sudan, in Syrien, Libyen oder Somalia aufgehalten haben, sollten eine US-Vertretung (s. links) kontaktieren, um evtl. ein Visum zu beantragen.

Alle Bürger, auch Kinder, die ohne Visum einreisen, müssen sich spätestens 72 Std. vor Abflug **online re**gistrieren (Electronic System for Travel Authorization – **ESTA**). Dieser Vorgang kostet einmalig den aktuellen Gegenwert von $ 14 und wer einmal registriert ist, kann innerhalb von zwei Jahren mehrfach einreisen, sofern der Pass gültig ist. Die ESTA-Registrierung erfolgt im Reisebüro oder im Internet auf folgenden Websites:

❯ https://de.usembassy.gov/de/visa/esta
❯ https://esta.cbp.dhs.gov/esta/application.html?execution=e1s1

Anzugeben sind Name, Geburtsdatum, Adresse, Nationalität, Geschlecht, Passdetails, erstes Hotel, Zweck und Dauer der Reise etc. Außerdem fordern die Fluggesellschaften im Rahmen von **Secure Flight** 72 Stunden vor Abflug alle maßgeblichen Passagierdaten zur Weiterleitung an die TSA (Transportation Security Administration): voller Name gemäß Reisepass, Geburtsdatum, Geschlecht. Normalerweise werden diese Angaben bei der Flugbuchung gemacht. Die erste Adresse in den USA inklusive Postleitzahl (!) kann beim Check-in nachgereicht werden.

Wer **länger als 90 Tage** im Land bleibt – zum Beispiel zum Studieren oder Arbeiten – oder Staatsbürger eines Landes ist, das nicht am VWP teilnimmt, muss sich ein Visum beschaffen.

❯ **Infos:** https://de.usembassy.gov/de/visa
❯ **Sicherheitshinweise** auch unter: www.auswaertiges-amt.de

Einreisekontrolle

Am **Immigration Counter** des ersten Flughafens in den USA wird der Pass gescannt und es werden ggf. Fragen zu Reiseroute, Zweck der Reise, Reisebudget, Beruf, Bekannten oder Freun-

Einverständniserklärung für Minderjährige
Reisen Kinder nur mit einem Elternteil oder mit anderen Verwandten, kann sowohl bei der Ausreise als auch bei der Einreise eine Einverständniserklärung des anderen Elternteils bzw. der Eltern erforderlich sein. Infos gibt das Auswärtige Amt bzw. das zuständige Konsulat.

den in den USA gestellt. Es werden tintenlose Fingerabdrücke genommen und es wird ein Foto gemacht, ehe es den Stempel mit einer auf normalerweise drei Monate festgelegten Aufenthaltsdauer gibt. Der Vorgang dauert nur wenige Minuten, lediglich die Warteschlangen vor den Schaltern können gelegentlich lang sein.

An immer mehr Flughäfen, auch in PDX, gibt es außerdem **Automated Passport Control (APC)**. Besucher mit ESTA-Registrierung, die schon einmal mit ESTA und dem entsprechenden Reisepass engereist sind, können diese Geräte benutzen und beschleunigen damit die Prozedur. Infos unter:
❯ www.cbp.gov/travel/us-citizens/apc.

Informationen zu den aktuellen **Einreisebestimmungen**:
❯ www.cbp.gov/travel/international-visitors (U.S. Customs & Border Protection)

Zoll

Im Flugzeug werden (noch) weiße **Zollerklärungen** *(customs forms)* verteilt, auf denen anzugeben ist, ob und welche Waren mitgeführt werden. Wer an ESTA teilgenommen hat und an einem Flughafen mit Automated Passport Control einreist, muss kein Formular ausfüllen.

Eine **Devisenbeschränkung** existiert nicht, lediglich Summen über $ 10.000 müssen angegeben werden. Die **Einfuhr** tierischer/pflanzlicher Frischprodukte/Lebensmittel (auch das von zu Hause mitgebrachte Butterbrot oder Obst) und von Samen/Pflanzen, außerdem von Klappmessern u. a. gefährlichen Objekten ist verboten. Bei Medikamenten in größeren Mengen empfiehlt es sich, ein ärztliches Attest mitzuführen, da die Einfuhr von Rauschmitteln untersagt ist.
❯ Details: www.cbp.gov/travel

Bei der **Rückreise nach Europa** dürfen Waren für den persönlichen Gebrauch (bei über 15-Jährigen) bis zu 430 € bzw. CHF 300 eingeführt werden. Weitere Details zu Einfuhrbestimmungen gibt es auf den Websites der Zollämter:
❯ **Deutschland:** www.zoll.de
❯ **Österreich:** www.bmf.gv.at
❯ **Schweiz:** www.ezv.admin.ch

Elektrizität

In den USA gibt es **Wechselstrom von 110/120 Volt**, daher müssen mitgebrachte Geräte wie Föhn oder Rasierapparat umstellbar sein. Wegen der anderen Steckdosenform ist außerdem ein **Adapter** nötig, den man am besten von zu Hause mitbringt bzw. in einem Flughafenshop oder Elektronikgeschäft vor Ort kauft.

Wechselkurse
Stand: Januar 2019
$ 1 = 0,87 €/0,98 SFr
1 € = $ 1,15
1 SFr = $ 1,02

Geldfragen

Die **amerikanische Währungseinheit** ist der US-Dollar: $ 1 (one „buck") besteht aus 100 Cent.
> Münzen: Penny (1 c), Nickel (5 c), Dime (10 c), Quarter (25 c)
> Banknoten gibt es im Wert von $ 1, 5, 10, 20, 50, 100, 500 und 1000

Kreditkarten und Reiseschecks

Das Zauberwort in Amerika heißt **credit card (CC)**, wobei Mastercard und Visa die gebräuchlichsten sind. Selbst Kleinstbeträge werden mit Kreditkarte bezahlt und sie ist nötig, um Kaution (z. B. für den Mietwagen) zu hinterlegen bzw. eine Hotel- oder Ticketbuchung zu garantieren. Für das bargeldlose Zahlen werden je nach Bank und Karte ca. 1 bis 2 % des Betrags für den **Auslandseinsatz** berechnet. Immer häufiger wird bei Bezahlung mit Kreditkarte in Läden oder Restaurants (wie am Automaten) die Eingabe einer **PIN-Nummer** verlangt.

Bargeld am Automaten (ATM – Automatic Teller Machine) zu ziehen, kostet eine je nach Fremdbank unterschiedlich hohe Gebühr von ca. $ 2 bis 5, die vor Abschluss der Transaktion angezeigt wird. Beim Bezahlen in Läden oder bei Abhebungen wird manchmal die Abrechnung in Euro angeboten (**Dynamic Currency Conversion**). Meist ist jedoch wegen des ungünstigeren Wechselkurses eine Abbuchung in US$ vorzuziehen, da dann der offizielle Devisenkurs gilt.

▷ *Geldautomaten gibt es überall, manchmal auch in kuriosen Blechhütten*

Portland preiswert

*Zur Happy Hour gibt es **in Lokalen** oft günstige Angebote, ebenso ist es mittags meist günstiger als abends. Brewpubs sind stets eine gute Adresse, die Speisen dort sind meist handfest, schmackhaft und dazu preiswert.*

*Für den **öffentlichen Nahverkehr** lohnen Tages- bzw. Mehrtagestickets (s. S. 126). Es gibt zahlreiche **Gratisveranstaltungen** (s. S. 76), nicht nur an den „**First Thursdays**" (s. S. 55), und die Eintrittspreise in Museen und Attraktionen sind moderat.*

Weitere kostenlose oder preiswerte „Vergnügungen" in PDX findet man unter: www.travelportland.com/article/free-nearly-free.

Debitkarten (auch Girocard genannt) sind für den Einsatz im außereuropäischen Ausland manchmal gesperrt und oft ist der Verfügungsrahmen eingeschränkt. Während **Maestro-Karten** mit PIN-Nummer weltweit auch zur Bezahlung an Kassen genutzt werden können (der Umsatz wird direkt vom Konto abgebucht), sind die von vielen deutschen Banken ausgegebenen **VPAY-Karten** an Bankautomaten und Kartenlesegeräten in den USA nutzlos, da die Automaten die Chips nicht lesen können. Man sollte sich daher vorher bei der Bank erkundigen!

Bargeld

Bargeld ist nur in wenigen Fällen nötig, etwa an Automaten (v.a. Quarter-Münzen) oder für Trinkgeld. Selbst in Supermärkten kann man mit Kreditkarte zahlen. Es ist prinzipiell auch kein Problem, in einer Bank oder in einer Filiale von American Express, Change Group oder Travelex Geld zu wechseln, allerdings ist der Kurs oft ungünstig und es fallen Gebühren an.

Reisekosten

Die **Hotelkosten** in Portland liegen noch im Durchschnitt, aber mit Tendenz nach oben. Es lohnt sich, frühzeitig zu buchen und auf Sonderangebote im Internet zu achten. Oft ist es am Wochenende billiger, da dann keine Geschäftsleute unterwegs sind. Was die **Verpflegung** angeht, kommt man je nach Ansprüchen relativ preiswert weg, besonders wenn man sich teils selbst versorgt oder mit Imbiss begnügt. Durch **Eintrittskosten** wird das Reisebudget nicht sehr belastet, da es in Portland keine spektakulären superteuren Museen gibt.

Unsere Literaturtipps

❭ Der 2001 verstorbene Künstler und Schriftsteller **Dan Berry** schrieb drei bis heute lesenswerte historische Romane über die frühe Besiedlung und die einst hier lebenden Indianer Nordwest-Oregons: „Trask", „Moontrap" und „To Build a Ship".

❭ **Chelsea Cain**, u.a. „Heartsick" (2007) oder „The Night Season" (2011). Autorin und Kommentatorin, die einige Jahre in Portland lebte. Ihre hier spielenden Krimis um Detective Archie Sheridan und Serienmörderin Gretchen Lowell sind lesenswert (auf Deutsch bei Blanvalet/München).

❭ **Raymond Carver**, u.a. „Cathedral" (1983, auf Deutsch: „Kathedrale", 1985). Bekannteste Sammlung einiger Kurzgeschichten, weitere Werke auf Deutsch zuletzt im S. Fischer Verlag („Beginners: Uncut", 2012, oder „Ein neuer Pfad zum Wasserfall", 2013).

❭ **Donald Dunbar**, „Eyelid Lick" (2012) und „Safe World" (2017); Gedichtsammlungen des in PDX lebenden Dichters, der zudem die Vortragsserie „If Not For Kidnap" mitbetreut und am OR Culinary Institute lehrt.

❭ **Katherin Dunn**, „Geek Love" (1989). Die 2016 verstorbene Autorin schildert in dem hauptsächlich in PDX angesiedelten Roman die Geschichte einer verrückten Zirkusfamilie. Hat in der Grungeszene Kultstatus.

❭ **Steward Holbrook**, „Far Corner: A Personal View of the Pacific Northwest" (1952/Reprint 1987).

Immer noch lesenswerte Schilderung von Landschaft, Geschichte und Menschen des Nordwestens. Der Holzfäller, Journalist, Historiker und Schriftsteller, der sich in Portland niederließ, schrieb zahlreiche historische Werke über diesen Teil der USA.

> **Ken Kesey & Ken Babbs**, „Last Go Round. A Real Western" (1994). Ken Kesey ist mit „Einer flog über das Kuckucksnest" berühmt geworden. Das Buch wurde u. a. mit Jack Nicholson verfilmt. Der bis zu seinem Tod nahe Eugene/OR lebende Schriftsteller und sein Freund schildern den legendär gewordenen und umstrittenen Wettstreit dreier Rodeo-Cowboys - ein Indianer, ein Weißer und ein Afroamerikaner - während des Pendleton Round-up 1911.

> **Jane Kirkpatrick**, „A Clearing in the Wild" (2006), „A Tendering in the Storm" (2007) und „A Mending in the Edge" (2008). Packende Trilogie über die deutschstämmige Emma Wagner Giesy, die mit ihrer religiösen Gemeinde Mitte des 19. Jh. Oregon zu ihrer neuen Heimat macht.

> **Ursula K. LeGuin**, „The Lathe of Heaven" (1971). Science-Fiction-Roman und Zukunftsbild Portlands für das Jahr 2002. LeGuin gilt als eine der bedeutenden feministischen Schriftstellerinnen des Nordwestens (auf Deutsch: „Die Geißel des Himmels").

> **Gigi Little** (Hrsg.), „City of Weird. 30 Otherwordly Portland Tales" (2016). Die Schriftstellerin, Künstlerin und Buchhändlerin hat 30 ungewöhnliche, verschrobene Geschichten lokaler Autoren zusammengetragen. Sie zeigen, warum Portland „weird" ist!

> **Jack Nisbet**, „David Douglas: A Naturalist at Work" (2012). Eines von zahlreichen lesenswerten Sachbüchern des Naturforschers und Schriftstellers über den Nordwesten. Hier geht es um die Reisen des schottischen Forschers Douglas - nach dem z. B. die Douglas-Tanne benannt ist - auf dem Columbia River.

> **Chuck Palahniuk**, „Fugitives and Refugees: A Walk in Portland, Oregon" (2003). Eine Art Reisetagebuch, in dem der im Nachbarstaat Washington geborene Schriftsteller und Journalist, der an der Uni Oregon studierte und in Portland lebt, neben autobiografischen Szenen auch Geschichten über seine Heimatstadt erzählt.

> Weitere Dichter und Schriftsteller, die man kennen sollte: **Lisa Ciccarello** (Dichterin), **Kevin Sampsell** (Schriftsteller und einst Event-Koordinator bei Powell's), **Matthews Dickman** (Dichter), **Patrick DeWitt** (Schriftsteller, geb. in Kanada, u. a. „The Sisters Brothers", 2012), **Cheryl Strayed** (Essayistin, Schriftstellerin, auch verfilmt: „Der Große Trip", 2012), **Mitchell Jackson** (in PDX geborener und in New York lebender afro-amerikanischer Schriftsteller oder **Willy Vlautin** (Schriftsteller und Musiker in der lokalen Alternative-Rock- und Countryband Richmond Fontaine).

057 po-mb

> **The SE Examiner:** www.southeast examiner.com – Monatszeitung über Ereignisse in Southeast Portland.
> **Portland Tribune:** https:// portlandtribune.com – Di. und Do. lokale News
> **Willamette Week:** www.wweek.com – wöchentliches Stadtmagazin
> **The Portland Mercury:** www.portland mercury.com – alle zwei Wochen erscheinendes linkes Stadtmagazin mit News zu Entertainment, Lokalen u. a.
> **Vortex Music Magazine:** http://vrtxmag. com – vierteljährlich publiziertes Magazin über die lokale Musikszene

Interessante Websites zu verschiedenen **Neighborhoods:**

> www.explorethepearl.com – Pearl District
> http://nwpdxnobhill.com – Northwest Portland und Nob Hill
> http://hawthornepdx.com – Hawthorne District
> http://mississippiave.com – Mississippi Avenue

Informationsquellen

Informationen zu Hause

> **Travel Oregon,** c/o Lieb Management, Bavariaring 38, 80336 München, Tel. 089 68906380, www.travelportland. com (auch auf Deutsch)

Infostellen in der Stadt

❶ **241** [B4] **Travel Portland Visitor Information Center,** 701 SW 6th Ave. (Pioneer Courthouse Sq.), Tel. 503 2758355 oder Tel. 1 877 6785263 (gratis), www. travelportland.com, Mo.–Fr. 8.30– 17.30, Sa. 10–16, Mai–Okt. auch So. 10–14 Uhr. Infomaterial aller Art und hilfsbereites Personal.

Die Stadt in Print und Internet

Portlands Tageszeitung heißt „The Oregonian". 1850 gegründet, ist das liberale Blatt die älteste, kontinuierlich publizierte Zeitung an der Westküste. Sie veröffentlicht auf www.oregonlive.com/portland aktuelle News zur Stadt. Weitere interessante Blätter sind:

Internet

So fortschrittlich und medienaffin Portland sonst ist: Es gibt derzeit keine öffentlichen kostenlosen WLAN-Hotspots. Man ist auf einzelne Anbieter wie Cafés (z. B. Stumptown Coffee Roasters, Coava Coffee ...), die in PDX zahlreich vertreten sind, und Lokale bzw. Brewpubs angewiesen. Einen Gratisinternetzugang stellen auch größere Läden wie Powell's ⓭ und Einkaufszentren wie die Pioneer Place Mall (s. S. 78) zur Ver-

⌂ *Portlands Touristeninformationsstelle am Pioneer Courthouse Square*

fügung, ebenso gibt es Gratis-WLAN am Flughafen, in Bibliotheken, Museen und auf dem Pioneer Courthouse Square ❶. Immer noch erheben viele Hotels (v. a. der gehobenen Kategorie) Gebühren für WLAN!

❯ Über kostenlose **WLAN Hotspots** informiert auch **http://pdxwifimap.com.**

Portland-Apps

❯ **Travel Portland:** App des städtischen Tourismusamts mit Infos und Aktuellem (gratis für iOS und Android)
❯ **Öffentlicher Nahverkehr:** Es gibt verschiedene Apps für alle Betriebssysteme. Eine Liste findet sich unter https://trimet.org/apps.
❯ **Cart Compass PDX:** Infos zur Food-Cart-Szene in Portland (gratis für iOS)
❯ **Public Art PDX:** Infos zur öffentlichen Kunst in der Stadt (gratis für iOS)

LGBT+

1970 wurde die **Portland Gay Liberation Front (PGLF)** gegründet, die erste Pride Parade fand 1975 statt und 2006 wurde das Q Center eröffnet. Sam Adams war 2008 der erste bekennende schwule Bürgermeister in einer amerikanischen Großstadt und 2014 wurden gleichgeschlechtliche Ehen erlaubt. Für die LGBT-Szene wurde in der sehr toleranten Stadt schon immer der rosarote Teppich ausgerollt.

Ausführliche Tipps bietet die Website des Tourismusamtes Travel Portland (www.travelportland.com/planyour-trip/lgbt-portland). Infos rund ums **Nightlife** gibt es unter https://pdx.eater.com/maps/portlands-best-queer-bars-lgbtq und **LGBT-freundliche Hotels** sind auf https://portland.gaycities.com/hotels gelistet.

Veranstaltungen

❯ Mitte Juni: Pride Northwest (https://pridenw.org), gegründet 1994, ist Veranstalter des jährlichen **Portland Pride Waterfront Festival mit Parade**, dem größten LGBT-Fest zwischen San Francisco und Seattle.
❯ Ende Sept./Anfang Okt.: **Portland Queer Film Festival** (www.pdxqueerfilm.com. feature). Zehn Tage lang werden im Cinema 21 Dokumentar- und Kurzfilme gezeigt.
❯ **Infos zu weiteren Veranstaltungen:** www.travelportland.com/article/lgbt-festivals-and-events

Klubs und Treffs

❶242 [dk] **Q Center,** 4115 N Mississippi Ave., www.pdxqcenter.org, Tel. 503 2347837. Treff und Infopunkt für die LGBT+ Community, dazu Veranstaltungen. Auch beteiligt an der Organisation des Mississippi Ave. Street Fair.
❶243 [C3] **CC Slaughters,** 219 NW Davis St., http://ccslaughterspdx.com, tgl. 15–2, So. 11–2 Uhr. Gay Nightclub mit Dancefloor und DJs, dazu Transvestiten-Shows und Martini Lounge im Rainbow Room.
❶244 [fp] **Night Light Lounge,** 2100 SE Clinton St., www.nightlightlounge.net, tgl. Mo.–Fr. 14–1, Sa./So. 10–1 Uhr. Bekannter Treff, bekannt für kreative Cocktails und ordentliche Speisekarte. Berühmter Drag Queen Brunch, sonst gemischtes Publikum.
❍245 [C3] **Darcelle XV,** 208 NW 3rd Ave., www.darcellexv.com, Tel. 503 2225338, Mi./Do. 20, Fr./Sa. 20/22.30 Uhr ($ 20). Kabarett und Drag Shows, „Glitzy Extravaganzas". Gemischtes Publikum.
246 [bn] **Cinema 21,** Nob Hill, 616 NW 21st Ave., www.cinema21.com. Historisches Kino und Veranstaltungsort des Queer Film Festival.

Maße und Gewichte

Längen

> 1 inch (in)   2,54 cm
> 1 foot (ft)   30,48 cm
> 1 yard (yd) (= 3 feet)   0,91 m
> 1 mile (= 1760 yards)   1,61 km

Flächen

> 1 square inch   6,45 cm²
> 1 square feet   929 cm²
> 1 square yard   0,84 m²
> 1 acre   4046,80 m²
>   (0,405 ha)
> 1 square mile (= 640 acres) 2,59 km²

Hohlmaße

> 1 pint   0,47 l
> 1 quart (= 2 pints)   0,95 l
> 1 gallon (= 4 quarts)   3,79 l

Gewichte

> 1 ounce (oz)   28,35 g
> 1 pound
>   (= 16 ounces)   453,59 g

Temperaturen

Umrechnungsschlüssel:
(Grad Fahrenheit – 32) x 0,56 = Grad
Celsius, z. B.:

23 Grad F	–5 Grad C
32 Grad F	0 Grad C
50 Grad F	10 Grad C
60 Grad F	15 Grad C
70 Grad F	21 Grad C
80 Grad F	27 Grad C
90 Grad F	32 Grad C

▷ *Im Portland Children's Museum gibt es Spaß für Klein (und Groß)*

Medizinische Versorgung

Besonderen Risiken sind USA-Reisende nicht ausgesetzt, spezielle Impfungen sind nicht nötig und das **Leitungswasser** ist gut. Erkältungen wegen größerer Temperaturunterschiede zwischen innen und außen – üblich ist die Vollklimatisierung von Bussen und Trams, Läden, Lokalen, Museen etc. – kann man durch entsprechende Kleidung vorbeugen, allerdings wird es in Portland nur selten für längere Zeit extrem heiß. Das Wetter ist eher wechselhaft und man sollte immer Regenzeug dabei haben.

Den hohen **Arzt-, Medikamenten- und Krankenhauskosten** in den USA steht ein hochentwickeltes medizinisches System gegenüber. Eine schnelle und gründliche Behandlung ist gesichert, vorausgesetzt, man kann die eigene Zahlungsfähigkeit (durch Vorlage einer Kreditkarte) nachweisen. Bei Praxisbesuchen ist im Allgemeinen sofort zu bezahlen. Gesetzliche Krankenkassen übernehmen die Kosten nicht, weswegen der **Abschluss einer Reisekrankenversicherung** (s. S. 127) ratsam ist.

Notfallversorgung

Hausbesuche sind unüblich. Im Notfall ruft man die Ambulanz oder fährt zu einer Krankenhausnotaufnahme (Emergency Room/ER), z. B.:

✚**247** [hn] **Providence Portland Medical Center**, 4805 NE Glisan St., Tel. 503 2151111. Für den Ernstfall, ansonsten versucht man es bei:

✚**248** [B5] **ZOOM & Care (1)**, 900 SW 5th Ave. (Eingang: 4th St., Downtown), Tel. 503 6848252, www.zoomcare.com. Arztbesuche am selben Tag ohne Wartezeiten, Mo.–Fr. 8–18, Sa./So. 9–18 Uhr geöffnet, auch Zahnbehandlungen. Filialen u. a.:

➕ **249** [A3] **ZOOM & Care (2)**, 202 NW 13th Ave. (Pearl District), Tel. 503 6848252, Mo.–Fr. 7–24, Sa./So. 9–18 Uhr

➕ **250** [go] **ZOOM & Care (3)**, 3325 SE Hawthorne Blvd., Tel. 503 6848252, Mo.–Fr. 7–24, Sa./So. 9–18 Uhr

Apotheken

Pharmacies (Apotheken) sind in den USA selten, dafür gibt es in Supermärkten und *drugstores* ein Grundsortiment (größer und preiswerter als in Deutschland) an freiverkäuflichen Arzneimitteln. In *drugstores* wie Rite Aid oder Walgreens kann man an speziellen Schaltern auch ärztliche Verordnungen *(prescriptions)* einlösen.

➕ **251** [B4] **Rite Aid**, 622 SW Alder St., 7–23 Uhr

➕ **252** [go] **Walgreens**, 940 SE Cesar E Chavez Blvd., 6–24 Uhr

Mit Kindern unterwegs

Portland ist familien- und kinderfreundlich und Familien kommen in den Genuss von vielerlei Vergünstigungen, z.B. in Hotels (Übernachtung von Kindern im Zimmer der Eltern oft kostenlos), in Bussen oder bei Sehenswürdigkeiten, bei denen dann Sondertarife gelten. An **Attraktionen** bieten sich für Familien vor allem folgende an:

❯ **Ground Kontrol Classic Arcade** (s. S. 72), ab 12 Uhr geöffnet, nach 17 Uhr nur noch ab 21 Jahre. Videospiele aller Art in Hülle und Fülle, Pinball, Live-Entertainment, Bar und Lokal.

↻ **253** [F3] **Imago Theatre**, 17 SE 8th St., Tel. 503 2319581, www.imagotheatre. com. Akrobatik mit Schauspielern in Tierkostümen, Tanz, Clownerie etc. Erfolgsstücke sind FROGZ and ZooZoo.

🏛 **254** [ap] **Portland Children's Museum**, 4015 SW Canyon Rd., www.portlandcm. org, Anfahrt: MAX Blue/Red „Washing-

ton Park", tgl. 9 – 17 Uhr, einzelne Abteilungen schließen früher, $ 10,75, Kin-
der unter einem Jahr frei, mit Lokal. Ein
echtes Kindermuseum für Kinder bis
12 Jahre, kein modernes Multimedia/
Hands-on-Museum. Abteilungen für verschiedene Talente wie den kleinen Handwerker, angehende Künstler, mutige
Entdecker und Aktive, Wasserplant-
scher und Hobby-Gärtner. Dazu lehr-
reiche Abteilungen wie The Market, wo
es um die Bedeutung und den Wert von
Lebensmitteln geht, oder Pet Hospital,
wo der Berufswunsch Tierarzt/Tierärztin
überprüft werden kann. Dazu regelmäßig
Workshops, Geschichtenerzähler u. a.
Veranstaltungen.

Spielplätze gibt es genauso viele wie
Parks, schön ist z. B. der Children's
Playground & Elephant House im Washington Park – ein Spielplatz zum
Austoben, im Elefantenhaus gibt
es anschließend Picknick. Im **Play-
Date PDX** kann man auch bei Regen
spielen, auf drei Etagen unter Dach.
Weitere Tipps für Unternehmun-
gen mit Kindern finden sich unter
www.travelportland.com/collection/
portland-with-kids.

- **255** [cm] **PlayDate PDX**, 1434 NW 17th
  Ave., www.playdatepdx.com, So. – Do.
  9 – 20, Fr./Sa. bis 21 Uhr, $ 4/8 (unter/
  über 4 Jahre) bzw. an Wochenenden
  $ 8/14

Einkaufen, Essen und Trinken

- **256** [dk] **Black Wagon**, 3964 N Mississippi Ave., http://blackwagon.com.
  Hochwertige Kleidung und Geschenke für
  Babys und Kinder.
- **257** [fk] **Grasshopper**, 1816 NE Alberta
  St., www.grasshopperstore.com. Orga-
  nische Kinderkleidung und Spielzeug sowie Bücher, alles umwelt- und
  kinderfreundlich.

- **258** [ek] **Green Bean Books**, 1600 NE
  Alberta St., www.greenbeanbookspdx.
  com. Kleiner Kinderbuchladen mit Spielzeug und Veranstaltungen.
- **259** [dk] **SpielWerk Toys**, 3808 N Williams Ave., www.spielwerktoys.com.
  Spielzeug aus Naturmaterialien, einfa-
  che, altmodische Sachen wie Spring-
  seile oder Papier-Anziehpuppen, dazu
  Musikinstrumente.
- **260** [B6] **Laughing Planet Café** $, u. a.
  1720 SW 4th Ave., mehrere Filialen, tgl.
  11 – 21 Uhr. Burritos und Eintöpfe, dazu
  Spielzeugdinos für die Kleinen.
- **261** [dl] **Mississippi Pizza** $$, 3552 N
  Mississippi Ave., Tel. 503 2883231,
  tgl. ab 11 Uhr. Pizza und Kinder-Shows,
  Karaoke, Spiele und Livemusik.

Notfälle

In Notfällen wählt man die Telefon-
nummer **911** (Polizei, Krankenwa-
gen, Feuerwehr). Falls es sich um
keinen Notfall handelt, die **311**, dort
erfährt man auch die zuständigen Po-
lizeireviere. Bei Diebstahl (z. B. des
Reisepasses) oder sonstigen Verbre-
chen ist dort Anzeige zu erstatten.

Für die Ausstellung eines Ersatz-
reiseausweises ist die diplomatische
Auslandsvertretung (s. S. 104) des
Heimatlandes zuständig. Auch in an-
deren Notfällen, medizinischer oder
rechtlicher Art, bemüht man sich dort,
vermittelnd zu helfen.

- **262** [B5] **Police Bureau**, 1111 SW
  2nd Ave., Tel. 503 8233333 oder 503
  8230000 (Notfall)

Kartensperrung

Bei Verlust der Debit-, Kredit- oder
SIM-Karte gibt es für Kartensperrun-
gen eine deutsche Zentralnummer
(vor der Reise klären, ob die eigene

Bank bzw. der Mobilfunkanbieter diesem Notrufsystem angeschlossen ist).

Achtung: Mit der telefonischen Sperrung sind die Debit- und Kreditkarten zwar für die Bezahlung/Geldabhebung mit der PIN gesperrt, nicht jedoch für das Lastschriftverfahren mit Unterschrift. Daher den Verlust zusätzlich bei der Polizei zur Anzeige bringen, um ggf. auftretende Ansprüche zurückweisen zu können. Bei längeren Aufenthalten empfiehlt es sich, die Bank zu informieren.

In Österreich und der Schweiz gibt es keine zentrale Sperrnummer, daher sollten sich Besitzer von in diesen Ländern ausgestellten Debit- oder Kreditkarten vor der Abreise bei ihrer Bank über den zuständigen Sperrnotruf informieren.

Generell ist es sinnvoll, die wichtigsten Daten wie Kartennummer und Ausstellungsdatum zu notieren, da diese unter Umständen abgefragt werden.

❯ **Deutscher Sperrnotruf** (von den USA aus): Tel. 011 49 116116 oder Tel. 011 49 30 40504050
❯ **Weitere Infos:** www.kartensicherheit.de, www.sperr-notruf.de

Wer dringend Geld benötigt, kann es sich über **Western Union/Reisebank** (www.reisebank.de) schicken lassen.

Fundbüros

Es gibt kein städtisches Fundbüro, lediglich die Verkehrsbetriebe Tri-Met und der Flughafen unterhalten Fundstellen:

❯ **TriMet,** Tel. 503 2387433, https://trimet.org/contact/lostandfound.htm (Formular)
❯ **Fly PDX,** Tel. 503 4604272, https://flypdx.com/PDX/LostAndFound

Öffnungszeiten

In den USA gibt es kein verbindliches Ladenschlussgesetz. In Portland fällt auf, dass die Läden selbst im Stadtzentrum **eher früher als später** schließen, viele schon gegen 18 oder 19 Uhr. Sie öffnen meist um 10 (manchmal 11) Uhr. Malls haben länger geöffnet (mind. bis 20 Uhr), **Restaurants** machen meist um ca. 11.30/12 Uhr auf und servieren bis ca. 14 Uhr und abends von ca. 18 bis 22 Uhr warmes Essen. Brewpubs öffnen meist am Nachmittag und Top-lokale sind vielfach nur zum Dinner geöffnet.

Post

Das Porto nach Deutschland, Österreich und in die Schweiz beträgt für Karten und Standardbriefe bis 1 oz (28 g) $ 1,15 (jedes weitere oz: 98 c). Für Inlandspost (Standard oder „First Class") gilt: Briefe bis 1 oz kosten 50 c, jedes weitere oz 21 c, Karten 35 c (Stand: Winter 2018/2019).
✉ **263** [B2] **US Post Office,** 715 NW Hoyt St., Mo.–Fr. 8–18.30, Sa. bis 17 Uhr

Radfahren

Portland gilt als eine der besten Radlerstädte der Welt, als „**Bike City, U.S.A.**". Die Stadt ist, was das Radwegenetz (über 500 km, klar gekennzeichnet) und das Verleihsystem angeht, führend. Wegen der überschaubaren Dimensionen kommt man in PDX leicht mit dem Fahrrad herum und viele Einheimische greifen täglich zum Rad. Es gibt Fahrradevents, -werkstätten, -parkplätze, -touren u. v. a. Hervorragende Infos zum Rad-

059po-tp©Torsten Kjellstrand

fahren in PDX, inkl. Karten, Tourvorschlägen und anderen hilfreichen Tipps, bieten:

> www.travelportland.com/collection/ portland-by-bike
> www.portlandoregon.gov/ transportation/39402 (Karten und Links vom Portland Bureau of Transportation)

Veranstaltungen

> **Pedalpalooza** (www.shift2bikes.org/ fun2/pedalpalooza). Den ganzen Juni über gibt es diverse Bike-Events.
> **World Naked Bike Ride** (s. S. 85)

Fahrradverleih und -touren

Portlands Verleihsystem heißt „BIKETOWNpdx" (www.biketownpdx.com). Es gibt rund 1000 Fahrräder an über 100 orange markierten Stationen. Eine Mitgliedschaft ist nötig, wobei man bei der Option „Pay as you go" $0,08/Min. und eine einmalige Gebühr von $5 bezahlt, für die Monatsmitgliedschaft $19 inklusive 90 Min. freie Ausleihe pro Tag.

Gut für leichte Radtouren geeignet, ist z.B. die **Waterfront,** wo ein 5 km langer Trail auf beiden Flussseiten über Steel und Hawthorne Bridge führt. Für Mountainbiker ideal ist der **Forest Park** mit seinen Trails. Auf den Verleih von Mountainbikes spezialisiert hat sich dort:

🚋264 [am] **Fat Tire Farm,** 2714 NW Thurman St., www.fattirefarm.com

Sonstige Anlaufpunkte für Radler:

> Die **Hopworks BikeBar** (s. S. 70) ist für Radler ausgerüstet, z. B. mit Werkzeugen und Fahrradabstellplätzen.

🚋265 [fk] **Community Cycling Center,** 1700 NE Alberta St., www.communitycyclingcenter.org, tgl. 10– 18 Uhr. Radladen, Reparaturwerkstatt und Fahrradprojekt.

🚋266 [C3] **Cycle Portland Bike Tours,** 117 W 2nd Ave. (Downtown), Tel. 844 7392453, www.portlandbicycletours. com, tgl. 9–18 Uhr. Verleih und verschiedene Fahrradtouren, ebenso:

🚋267 [C3] **Pedal Bike Tours,** 133 SW 2nd Ave., Tel. 503 2432453 https:// pedalbiketours.com, tgl. 9–16 Uhr.

Sicherheit

Es sind in PDX weniger Gewaltverbrechen als Straßenkriminalität und Diebstähle, die die Stadt im Kriminalitäts-Ranking über den nationalen Durchschnitt heben. Im Zusammenhang mit Touristen sind **Taschendiebstähle** das häufigste Delikt und daher ist besonders bei Menschenaufläufen oder im öffentlichen Nahverkehr Vorsicht geboten. Die in diesem Buch beschriebenen Stadtviertel gelten gemeinhin als sicher, doch wie überall sind die **üblichen Vorsichtsmaßnahmen** sinnvoll: z. B. nur wenig Bargeld mitführen, Dokumentkopien getrennt von den Originalen dabei haben, kein auffälliger Schmuck, keine Geldbeutel oder Smartphones in den Hosentaschen tragen.

Was im (klimatisch ganzjährig relativ milden) Portland auffällt, ist die relativ **große Zahl an Obdachlosen,** teils ältere Personen, teils junge, oft drogenabhängige Aussteiger. Da die Stadt dazu als „Hipster Heaven" und überaus tolerant gilt, zieht es viele Jugendliche hierher. Sie leben dann auf der Straße und betteln manchmal um Geld.

❯ **Clean & Safe,** Tel. 503 2247383, http:// cleanandsafepdx.com. Gekennzeichnetes, mit der Polizei kooperierendes Sicherheitsdienstpersonal und freiwillige Helfer patrouillieren, v. a. zu Fuß und auf Fahrrädern, öffentliche Plätze und Orte in Downtown PDX und nehmen Berichte über Belästigungen, Alkohol-, Drogenmissbrauch u. a. Straßendelikte auf.

◁ *Das Flussufer eignet sich auch für Radtouren*

Sport und Erholung

Sport und „The Outdoors" werden in PDX großgeschrieben, zum Beispiel finden sich Trails und Erholungsmöglichkeiten in den Parks der Stadt (s. S. 84). Weitere Informationen finden sich unter www.travelportland. com/collection/outdoors.

Der knapp 2,5 km lange Trail der **Vera Katz Eastbank Esplanade** bietet einen grandiosen Ausblick und ist ideal zum Laufen oder Radeln. Er zieht sich von der Hawthorne Bridge an der Waterfront nordwärts, vorbei an Morrison und Burnside St. zur Steel Bridge mit Verbindungen in die östlichen Neighborhoods und über den Fluss zum Gov. Tom McCall Waterfront Park.

❯ www.portlandoregon.gov/parks/finder („Eastbank Esplanade")

Für ambitioniertere Radfahrer oder Läufer eignet sich der gut 30 km lange **Springwater Corridor Trail** von SE Portland nach Boring/OR. Auf einer ehemaligen Gleisanlage verbindet er zahlreiche Parks in Portland.

❯ https://rootsrated.com/portland-or/ cycling/springwater-corridor

Wassersportler sind z. B. bei Alder Creek Kayak, Canoe, Raft & SUP (https://aldercreek.com) gut aufgehoben. **Profisport** bieten in Portland neben den Basketballern **Trail Blazers** (s. S. 33) die beiden Fußballteams (s. S. 99) **Timbers** (Männer) und **Thorns** (Frauen). Daneben gibt es ein beliebtes und erfolgreiches Junioren-Eishockeyteam, die **Winterhawks.**

● **268** [D1] **Portland Winterhawks,** Veterans Memorial Coliseum, 300 N Winning Way. Junioren-Eishockeyteam (WHL), einzelne Topspiele im Moda Center (s. S. 75), Tickets und Infos: http://winterhawks.com

Sprache

Ganz ohne **Englisch** kommt man in den USA nicht aus, allerdings ist *small talk* auch mit kleinem Wortschatz möglich und die Erwartungshaltung der Amerikaner nicht sehr hoch. Das **Amerikanische** weicht vom Schulenglisch ab, es gibt Unterschiede bezüglich Wortschatz, Grammatik und Aussprache.

Gewisse **Universalfloskeln** gehören zum guten Ton, z. B. „How are you (today)?" – die Frage nach dem Befinden, aber vor allem eine Begrüßungsformel. „Have a nice day/trip", dient der Verabschiedung, ebenso wie „It was a pleasure meeting you" oder „See you". Letzteres ist selten als Einladung gemeint, sondern vielmehr ein legerer Abschiedsgruß (siehe auch Seite 130).

Stadttouren

Die **Touren** in Portland spiegeln die Besonderheiten der Stadt wider, Kulinarisches und Kreatives, „The Outdoors" und ungewöhnliche Geschichten.

Kulinarische Touren

❯ Es werden mehrere **Food Cart Tours** mit Kostproben angeboten. Eine Übersicht findet sich unter www.travelportland.com/article/food-cart-tours.
❯ **Brewvana,** Tel. 503 729 6804, www.brewvana.com. Mehrere Touren, z. B. „Pacific Northwest is Best", Di.–So. 12.30 Uhr, $ 89. Diese fünfstündige Tour im auffälligen Kleinbus schließt den Besuch von vier Brauereien inkl. Bierproben (und Essen) ein. Es geht um den Prozess des Bierbrauens, um Sorten, Trends und Philosophien. Andere Touren sind

„Beers & Barrels" (Whiskey und Bier), „Down to Ferment" (Kombucha, Cider, Beer) oder „Coffee, Beer and Donuts" und „Eastside Feast Ride".
❯ **Third Wave Coffee Tours,** Tel. 503 4461912, https://thirdwavecoffeetours.com. Interessante Touren zum Thema Kaffee in verschiedenen Vierteln der Stadt.

Walking Tours

❯ **Discover Portland Walking Tours,** Tel. 503 7744522, www.portlandwalkingtours.com. Größter Walking-Tour-Veranstalter Portlands mit breitem Spektrum an Touren, von „Who is Portland" über „Underground Portland" bis hin zur kulinarischen „Epicurean Excursion". Zeiten und Ausgangspunkte, Dauer und Preise variieren.
❯ **Eric's Free Tour,** Tel. 503 7034282, https://secretsofportlandia.com. Anf. Mai–Anf. Okt. tgl. 11 Uhr ab Pioneer Courthouse (6th Ave., s. S. 15) ohne Reservierung. Zweistündige „Insider-Touren" von Erik (zu erkennen am neongrünen T-Shirt) auf Trinkgeldbasis.

❯ **Walking Tours,** Tel. 503 2317264, http://visitahc.org/walking-tours, Programm siehe Website, $ 20. Zweistündige Touren zu Fuß durch bestimmte Neighborhoods und zu speziellen Themen, organisiert vom Architectural Heritage Center.

Spezialtouren

❯ **Portland Train Rides,** Tel. 503 6595452, www.portlandtrainrides.com und www.oregonpacificrr.com. März bis November finden verschiedene Zugfahrten ins Umland mit historischen Zügen der Oregon Pacific Railroad (s. S. 32) statt.

Telefonieren

Bei **Ortsgesprächen** ist der dreistellige **area code** mitzuwählen. Bei Einführung des Nummerierungssystems 1947 galt die **Vorwahl 503** für ganz Oregon. Seit 1995 sind die Nummern **541, 971** und **458** hinzugekommen. Dem *area code* folgt die Rufnummer, die auch werbewirksam als Buchstabenkombination angegeben sein kann: 2 – ABC, 3 – DEF, 4 – GHI, 5 –JKL, 6 – MNO, 7 – PQRS, 8 –TUV, 9 –WXYZ.

Bei **Ferngesprächen** muss zusätzlich **eine 1 vorgewählt** werden. Gleiches gilt auch für die **gebührenfreien,** aber regional begrenzten Nummern, die mit 1–800, 1–833, 1–844,

◁ *Mit dem Brewvana-Bus geht es bequem auf Biertour durch Portland*

Kulinarische Spaziergänge

Portland ist ein **kulinarisches Paradies.** Es sind nicht nur Brauereien, Destillerien und Food Cart Pods, Food Halls oder Bauernmärkte, die der Stadt zum Beinamen „Foodie Town" verholfen haben, sondern v. a. die kleinen, kreativen Produzenten und die diversen lokal hergestellten Lebensmittel aller Art. Um die enorme Vielfalt kennenzulernen, bieten sich die ausgezeichneten Touren von **The Big Foody PDX** an.

Laura Morgan leitet diese kulinarischen Spaziergänge und führt kleine Gruppen von Produzent zu Produzent und nebenbei kenntnisreich in die kulinarischen Geheimnisse der Stadt ein. „**The Portland Makers Walking Food Tour**" dauert rund drei Stunden und steuert einige versteckte Perlen der Stadt – Kleinproduzenten, Brauer, Brenner, Kaffeeröster und Chocolatiers, Feinkostproduzenten und andere kulinarische Abenteurer – an. Teilnehmer erhalten reichlich Gelegenheit zum Probieren, vor allem aber lernen sie die Hersteller, die Mentalität der Einheimischen und die unglaubliche Kreativität der Stadt kennen.

Die Tour geht durch Portlands **Central Eastside Industrial District,** ein vormaliges Industriegebiet mit großen Lager- und Produktionsgebäuden am Ostufer des Willamette River, gegenüber von Downtown. Hinter den Fassaden eher zweckmäßiger Industriearchitektur, in Hallen und Fabrikgebäuden verstecken sich zahlreiche Firmen und sind hochklassige Chefköche und andere „Macher" zu finden.

❯ **Infos und Buchung:** www.thebig foody.com. Angeboten werden auch „Culinary Escapes" in Oregon.

1–855, 1–866, 1–877 und 1–888 beginnen (teuer sind jene mit 1–900 vorweg).

Die **GSM-Mobilfunknetze** sind in den USA gut ausgebaut und Telefonieren mit Smartphone bereitet keine Probleme. Der Begriff „Handy" existiert im Amerikanischen nicht, man spricht von „cell phone" oder „mobile phone". Wegen der **Roaming-Gebühren** im nicht-europäischen Ausland können bei Nutzung einer mobilen Datenverbindung hohe Kosten anfallen. Daher sollte man vor der Reise bei seinem Netzbetreiber Informationen über evtl. günstigere Auslandsdatenpakete einholen oder die Mobile-Daten-Option deaktivieren und nur über kostenlose WLAN-Netze online gehen. Bei längeren Aufenthalten kann der Kauf einer amerikanischen SIM-Karte sinnvoll sein.

In Hotels bereitet das Telefonieren über Festnetz kein Problem, es wird über die Kreditkarte abgerechnet. Bei **Telefonkarten** wird zwischen *calling cards* (monatliche Abrechnung) und *prepaid phone cards* (aufgeladen mit einem bestimmten Betrag) unterschieden. Eine **Übersicht** über Anbieter und Preise gibt www.callingcards.com.

Uhrzeit

Die Vereinigten Staaten sind in **vier Hauptzeitzonen** eingeteilt – Eastern Time, Central Time, Mountain Time, Pacific Time –, die eine Verschiebung von sechs bis neun Stunden von der Mitteleuropäischen Zeit bedeuten. Oregon gehört zur **Pacific Time Zone** und weist **9 Stunden Zeitverschiebung** (zurück) gegenüber der MEZ auf.

In den USA wird bei der **Uhrzeit** nicht bis 24 durchgezählt, sondern

> **Vorwahlen**
> ❯ **Deutschland:** 011 49
> ❯ **Österreich:** 011 43
> ❯ **Schweiz:** 011 41

nur bis 12. Die Zufügung von „a.m." (ante meridiem) weist auf vormittags, „p.m." (post meridiem) auf nachmittags hin. 12 Uhr mittags heißt „noon", 24 Uhr „midnight".

Sommerzeit (daylight saving time/DST) herrscht in den USA vom 2. So. im März bis zum 1. So. im November.

Das **Datum** wird in der Reihenfolge Monat–Tag–Jahr angegeben, z.B. March 5, 2019 oder kurz 3–5–2019.

Unterkunft

Insgesamt stehen im Großraum Portland fast 25.000 Hotel-/Motelzimmer zur Verfügung, allein im Stadtkern um die 8.400. Dennoch empfiehlt es sich, in der Hauptsaison und um Feiertage im Voraus zu buchen. Das Preis-Leistungs-Verhältnis ist in Ordnung, wobei die Preise sich im Vergleich zu ähnlich großen Städten eher im oberen Spektrum bewegen. Besonders Hotels im Stadtzentrum sind teuer.

Der offizielle **Durchschnittspreis** liegt gegenwärtig bei rund $ 150, dazu kommt bei Direktbuchung noch die **lodging tax (Steuer)** in Höhe von **13,3 %**. Parken in Downtown kann ins Geld gehen: Hotels verlangen dafür pro Nacht bis zu $ 50.

Einige Reiseveranstalter bieten ebenfalls Zimmer in PDX an, ebenso Broker, doch immer öfter bucht man direkt beim Hotel zum gleichen Preis – vergleichen lohnt sich! Abgesehen von Kettenhotels bzw. -motels

Preiskategorien Unterkünfte

Die Kategorien beziehen sich auf den durchschnittlichen Gesamtpreis für ein Doppelzimmer inkl. Steuern und WLAN, in der Regel aber ohne Frühstück.

$	bis $ 100
$$	$ 100–150
$$$	$ 150–220
$$$$	ab $ 220

(v. a. rund um den Airport und das Convention Center/Lloyd District) bietet die Stadt ausgefallene, trendige Unterkünfte, wie ein Container-Hotel oder historische Hotels, z. B. jene von McMenamins.

❯ **Infos** mit Links zu den Hotels **und Buchungsmöglichkeit:** www.travelportland.com/hotels-deals

Unterkunftsempfehlungen

Mal was anderes

🏠**269** [ek] **Caravan – The Tiny House Hotel** $$$, 5009 NE 11th Ave., http://tinyhousehotel.com, Tel. 503 2885225. **Übernachten in „Bauwagen":** kurioses Hotel aus vier umgebauten Bauwagen im Alberta Arts District: „America's first tiny house hotel". Geschickt ausgestattet mit Küchenecke, Bad und Schlafraum für 1 bis 4 Personen, dazu Gemeinschaftsflächen und Grillplätze.

🏠**270** [fj] **Kuza Garden Cabin** $$, 5411 NE 30th Ave., Tel. 503 9392949, www.vrbo.com/375245, ab ca. $ 120. **Kleines Häuschen mit Garten:** nette Unterkunft in renoviertem Kutschenhaus von 1922 im Nordosten der Stadt (Alberta Arts District), umgeben von einem japanischen Garten. Für max. zwei Erwachsene, modern eingerichtet und mit Küche.

EXTRATIPP

Lichtblick am Firmament

Das **Jupiter** ist rein äußerlich gesehen eine klassische amerikanische Motor Lodge in Portlands aufstrebendem Viertel Central Eastside. Ein altes Neonschild markiert die Zufahrt zur Lodge, die in den 1950er-Jahren entstand und 2004 zu einem schicken Boutiquemotel mit 81 Zimmern umgestaltet wurde. Alle sind mit Kunstwerken lokaler Künstler und mit Möbeln im Stil der ursprünglichen Entstehungszeit ausgestattet. Es gibt Gratis-WLAN und morgens lokal gerösteten Kaffee in der Lobby, die zugleich als Kunstgalerie dient.

Im **Doug Fir** (s. S. 72) ist abends für Livemusik und für Partystimmung auch im Innenhof gesorgt – das Publikum ist entsprechend jung und hipp. Daneben entstand neu das **Jupiter NEXT** (s. S. 125).

🏠**271** [F3] **Jupiter** $$–$$$, 800 E Burnside St., Tel. 503 2309200, https://jupiterhotel.com

061po-mb

🔼 *Gut übernachten kann man im Jupiter Hotel oder im benachbarten Jupiter NEXT*

Historisch und ungewöhnlich

272 [A3] **McMenamins Crystal Hotel** $$, 303 SW 12th Ave., Tel. 503 2230109, www.mcmenamins.com/crystal-hotel. **Showtime am Rand des Pearl District:** 51 relativ kleine Zimmer, deren Dekor inspiriert ist von Shows, die einmal im angrenzenden Crystal Ballroom (s. S. 74) stattfanden. Dunkle Wände, Samt, orientalisches Flair, großteils Bäder auf dem Gang und kein TV. Salzwasser-Pool, Zeus Café und Al's Den für Drinks und Livemusik.

273 [gj] **McMenamins Kennedy School** $$$, 5736 NE 33rd Ave., Tel. 503 4798700, www.mcmenamins.com/kennedy-school. „Back to School": 57 gemütliche Gästezimmer in einer Schule von 1915, ausgestattet mit alten Tafeln, Spinden und Fotos! Mit Concordia Brewery und Courtyard Restaurant, Salzwasser-Pool und hauseigenem Kino (gratis für Hotelgäste!).

274 [C3] **Society Hotel** $-$$, 203 NW 3rd Ave., https://thesocietyhotel.com, Tel. 503 4450444. **Cool und v. a. für junge Leute:** Ins ehemalige Mariners Building von 1881, einer munteren Ex-Seefahrerherberge, zog 2013 ein Hotel ein. Moderne Zimmer, teils mit eigenen Badezimmern, vor allem aber coole und preiswerte Bett-Compartments (ab $ 50) in Schlafsälen, mit Vorhängen, Schließfach, Steckdose, Licht. Café im EG, Gemeinschaftsküche und Dachterrasse mit Ausblick.

275 [dl] **White Eagle Hotel** $-$$, 836 Russell St., Tel. 503 2826810, www.mcmenamins.com/white-eagle-saloon-hotel. **Günstig, aber nichts für Lärmempfindliche:** etwas abseits, im Norden nahe einer MAX-Station gelegen. 1905 als „White Eagle Cafe & Rock ,n' Roll Hotel" im vormals lebhaften polnischen Viertel eröffnet. Im Erdgeschoss Livemusik, oben elf Gästezimmer mit Bädern auf dem Gang, schon ab $ 70!

Bed & Breakfast – mit Familienanschluss

Allgemeine Infos zu Bed & Breakfast gibt es unter www.bedandbreakfast.com/portland-oregon.html.

⌂ Übernachten in „Tiny Homes" im Caravan – The Tiny House (s. S. 121) im Alberta Arts District

☎**276** Apas House B&B $^{\$\$}$, 2850 SE 58th Ave., Tel. 503 3101240, www. apashouse.com. **Mit Veranda und Garten nahe Mt. Tabor:** etwas weiter von der Innenstadt entferntes schönes Haus mit drei gemütlichen Zimmern, Gemeinschafts-Wohnzimmer und täglichem Bio-Frühstück mit Zutaten aus dem eigenem Garten bzw. von lokalen Erzeugern. Kostenloses Parken!

☎**277** [gp] **Bluebird Guesthouse** $^{\$}$, 3517 SE Division St., Tel. 503 2353089, und:

☎**278** [gp] **Evermore Guesthouse** $^{\$}$, 3860 SE Clinton St., Tel. 503 2066509. **Schlicht und doch individuell:** Die Division Inns (www.divisioninns.com) bieten ab $ 60 Unterkunft in zwei Häusern im Division/Clinton-Neighborhood. Die Zimmer sind modern ausgestattet und individuell, gute Betten und kleines Frühstück inklusive.

☎**279** [em] **Lion and the Rose Victorian Guest House** $^{\$\$-\$\$\$}$, 1810 NE 15th Ave., Tel. 503 2879245, https://lionrose. com. **Viktorianisch-verspielt:** In einem prächtigen Queen-Anne-Gebäude von 1906 befinden sich acht unterschiedliche Gästezimmer mit romantischem Charme, aber moderner Ausstattung. Üppiges Frühstück eingeschlossen.

Am Flughafen

☎**280** **Aloft Portland Airport at Cascade Station** $^{\$\$-\$\$\$}$, 9920 NE Cascades Parkway, Tel. 503 2005678, www. aloftportlandairport.com. **Nicht das übliche Flughafenhotel:** Aloft Hotels zeichnen sich durch umweltfreundlichen Betrieb und Unkonventionalität aus. Offene Raumgestaltung mit durchdachter Einrichtung und technischer Ausstattung, „urbanes Flair" und Coolness, auch dank der XYZ Bar, in der Livekonzerte stattfinden. Nur Minuten vom Flughafen entfernt, mit kostenlosem 24-Std.-Shuttleservice und MAX-Light-Rail-Haltestelle vor dem Haus.

EXTRAINFO

Buchungsportale

Neben Buchungsportalen für **Hotels** (z. B. www.booking.com, www.hrs.de oder www.trivago.de) bzw. für **Hostels** (z. B. www.hostelworld.de oder www. hostelbookers.de) gibt es auf Portalen wie www.airbnb.de, www.vrbo. com oder www.couchsurfing.com **Privatanbieter,** die Wohnungen, Zimmer oder auch nur einen Schlafplatz zu häufig günstigeren Preisen offerieren. In einigen Städten steht diese Praxis in der **Kritik,** da sie in einigen Fällen dazu geführt hat, dass normale Wohnungen als gewerbliche Ferienwohnungen missbraucht werden. Diese Städte versuchen, den Anbietern mit **Verboten und Strafen** beizukommen. In Portland gab es bis dato noch keine größeren Probleme.

Preiswert für Junge und Junggebliebene

☎**281** [go] **HI Portland Hawthorne Hostel** $^{\$}$, 3031 SE Hawthorne Blvd., Tel. 503 2363380, www.portlandhostel.org. **Für Kommunikative, bunt und etwas verrückt:** Institution im Hawthorne District in einem alten Bau von 1909, von Grün umgeben und umweltfreundlich betrieben. 34 Betten in vier Schlafsälen und zwei Privatzimmer (ab $ 68), Gemeinschaftsküche und Bühne für Veranstaltungen. Bus Nr. 14, auch Fahrradverleih.

☎**282** [cn] **HI Portland Northwest Hostel** $^{\$-\$\$}$, 479 NW 18th Ave., Tel. 503 2412783, www.nwportlandhostel.com. **Komplex aus fünf großteils historischen Häusern:** mit Gemeinschaftsräumen, 32 Zimmern und 160 Betten in relativ kleinen Sälen, Café zugehörig (Frühstück inkl.), Gratis-WLAN. Zimmer ab $ 100, Bett ab ca. $ 30.

☎**283** [dk] **Travelers' House** $^{\$}$, 710 N Alberta St., Tel. 503 9542304, www.

travelershouse.org. **Cooles** Boutiquehostel mit Schlafsälen und Zimmern sowie Gemeinschaftsküche im Alberta Arts District. Zimmer ab $ 65, Betten ab $ 33, Gratis-WLAN, Busanbindung (Linie 4).

Edel und gediegen im Zentrum

284 [C4] **Hi-Lo Hotel** $$$–$$$$, 320 Stark St., Tel. 971 2222100, www.hi-lo-hotel.com. **Moderner Luxus in historischem Bau:** Im Oregon Pioneer Building in Downtown, nicht weit vom McCall Waterfront Park, gibt es Luxus pur. Mit Lo Bar und Alto Bajo, sehr geschmackvoll, angenehm schlicht und modern.

285 [B4] **Hotel Lucia** $$$, 400 SW Broadway, Tel. 503 2251717, https://hotellucia.com. **Zentrale Lage:** gut ausgestattete Zimmer, dazu hervorragendes Restaurant und Bar.

286 [B6] **Hotel Modera** $$–$$$, 515 SW Clay St., Tel. 503 3081637, www.hotelmodera.com. **Freundlich, hell und modern:** 174 Zimmer verschiedener Typen in Downtown. Von oben guter Ausblick! Mit Lokal Nel Centro und gut sortierter Bar.

287 [B4] **Hotel Vintage** $$$$, 422 SW Broadway, Tel. 503 2281212, www.hotelvintage-portland.com. **Boutiquehotel der Kimpton-Gruppe:** 107 luxuriöse, geschmackvoll ausgestattete und geräumige Zimmer in historischem Gebäude.

288 [C6] **River Place Hotel** $$$$, 1510 SW Harbor Way, Tel 503 2283233, www.riverplacehotel.com. **Blick auf Fluss und Stadt:** schön am Tom McCall Waterfront Park gelegen. Geräumige und geschmackvoll ausgestattete Zimmer mit Ausblick auf den Fluss und zugehöriges Seafood-Restaurant.

289 [B3] **The Benson Hotel** $$$–$$$$, 309 SW Broadway, Tel. 503 2282000, www.coasthotels.com/hotels/oregon/portland/the-benson-hotel. **Edel und historisch:** luxuriöse, komfortable Zimmer in historischem Großbau von 1913.

Bequeme Betten und gute Downtown Location.

290 [B5] **The Heathman Hotel** $$$$, 1001 SW Broadway, Tel. 503 2414100, http://portland.heathmanhotel.com. **Historisches Top-Hotel:** nahe dem Portland Center for the Performing Arts, mit Restaurant.

291 [A3] **The Mark Spencer Hotel** $$–$$$$, 409 SW 11th Ave., Tel. 503 2243293, www.markspencer.com. **Edel und höchst zentral:** nahe McMenamins Crystal Ballroom. Wird bei Hotelbrokern oft günstiger angeboten.

292 [B6] **The Porter Portland** $$$$, 1355 SW 2nd Ave., Tel. 503 3064800, https://curiocollection3.hilton.com/en/locations/index.html. **Neu, luxuriös und mit Traumbetten:** mitten in Downtown mit Gästezimmern auf 16 Stockwerken, die v. a. oben einen schönen Ausblick bieten. Schlicht-modern mit Kaffee- und Tee-Bar im Zimmer, Kühlschrank, Safe, Bademänteln und geräumigen Badezimmern. Schöner Deli (Laden & Lokal) im EG, Restaurant und Dachterrassenbar zum Chillen. Indoor-Pool, Spa und Fitnessraum sowie Gäste-Bibliothek.

293 [A4] **The Sentinel Hotel** $$$$, 614 SW 11th/Alder St., Tel. 503 2243400, www.sentinelhotel.com. **Kleines Luxus-Boutiquehotel** der Kette Historic Hotels of America, in superzentraler Lage im ehemaligen Seward Hotel von 1909. Geschmackvoll-edle Ausstattung und zugehöriges Restaurant.

Hipp und cool: Boutiquehotels

294 [E1] **Hotel Eastlund** $$$, 1021 NE Grand Ave., Tel. 503 2352100, http://hoteleastlund.com. **Bauhausstil in Portlands Eastside:** 168 Zimmer in einem modernen Zweckbau im Lloyd District, modern und technisch up-to-date ausgestattet. Mit Rooftop Bar und Restaurant (Altabira City Tavern) und dem Citizen Baker für das Frühstück.

062po-mb

🏨 **295** [C5] **Hotel Rose** $$-$$$, 50 SW Morrison St., Tel. 503 2210711, www.staypineapple.com/hotel-rose-portland-or. **Bunt und schrill wie Portland:** Hotel in modernem Flachbau, unterschiedliche schlicht-modern eingerichtete Zimmer an der Waterfront, gut erreichbar. Kaffeemaschine, WLAN und Verleih von Fahrrädern (Beach Cruiser).

🏨 **296** [bm] **Inn@Northrup Station** $$$, 2025 NW Northrup St., Tel. 503 2240543, www.northrupstation.com. **Junges, buntes Hotel in guter Lage:** 70 Zimmer in einem modernisierten Gebäude aus den 1970er-Jahren im hippen Northwest Portland, günstig an einer Straßenbahnhaltestelle gelegen. Gemeinschaftsflächen wie Dachterrasse und Patio, lokale Kunstwerke, hippe Möbel und lebhafte Farben. Nur Suiten mit Küchenausstattung, Frühstück inklusive.

🏨 **297** [F3] **Jupiter NEXT** $$$, 900 E Burnside St., Tel. 503 2309200, https://jupiterhotel.com/jupiter-next. **Neu, „artsy" und schick:** die luxuriösere Version des benachbarten Motels Jupiter

(s. S. 121) in einem sechsstöckigen Bau mit großen Fenstern und tollem Ausblick von den oberen Etagen. 67 luftige Zimmer in modernem Design und mit Kunst ausgestattet. Café und Bar in der Lobby.

🏨 **298** [B4] **The Nines** $$$$, 525 SW Morrison St., Tel. 1 888 6277208, www.thenines.com. **Schickes Boutiquehotel am Pioneer Square:** In einem restaurierten, ehemaligen Kaufhaus von 1909 befindet sich dieses modern ausgestattete Boutiquehotel mit repräsentativem Atrium, Lokal, Dachbar, Bibliothek, modernen Kunstwerken und geschmackvollen Zimmern.

Verhaltenstipps

Auch im sonst sehr toleranten und bunten Portland werden die typisch amerikanischen Eigenschaften großgeschrieben: Freundlichkeit, Hilfsbereitschaft, Diskretion und Disziplin. Vordrängen, Muffigkeit, Aggressivität und Hektik sind verpönt, Letzteres v. a. auch beim Autofahren. Fußgänger und Radfahrer, aber auch Busse und Trams, haben das Vorrecht im Straßenverkehr.

▱ *„Portland muss verrückt bleiben!"* *Eine der Parolen der Stadt.*

Dos und Don'ts – amerikanische Besonderheiten

> **Trinkgeld** *(tipp/gratuity)* wird erwartet, da die Löhne im Dienstleistungsgewerbe gering sind. In Lokalen sind 20 % üblich und auch in Hotels (Zimmermädchen, Parkpersonal, Gepäckservice) und Taxis sollte man auf das Extra nicht verzichten.

> **Alkohol** darf nicht an Personen unter 21 Jahren verkauft oder ausgeschenkt und generell nicht in der Öffentlichkeit konsumiert werden. Bier und Wein wird in normalen Lebensmittelläden verkauft, hochprozentiger Alkohol hingegen nur in staatlich betriebenen Liquor Stores (OLCC), dort allerdings großteils auch sonntags, was in vielen anderen Staaten tabu ist.

> Portland gibt sich im Allgemeinen „leger" *(casual),* doch bei Restaurantbesuchen (vor allem in Toplokalen) gelten gewisse **Kleidervorschriften** (keine Shorts, Jeans o. Ä.).

> **Händeschütteln** ist bei der Begrüßung eher unüblich, dafür werden altersunabhängig schnell die Vornamen benutzt.

> Die amerikanischen **Tischsitten** unterscheiden sich von den europäischen: Amerikaner schneiden mit dem Messer vor und benutzen dann nur noch die Gabel. Die andere Hand befindet sich unter dem Tisch. Es würde keinem Amerikaner einfallen, Pizza oder Meeresfrüchte mit Messer und Gabel zu essen. Selbst in Toplokalen kann man sich Essensreste einpacken lassen.

> **Toiletten** nennt man nie *toilet,* sondern immer *restroom, ladies'/men's room* oder *bathroom.*

> **Handys** heißen in den USA *mobile phones* oder *cell phones. Handy* bedeutet nichts anderes als „handlich", „geschickt" oder „praktisch".

🔼 *Streetcars sind eine gute Alternative, um in der Stadt herumzukommen*

063po-mb

Verkehrsmittel

Die Stadt ist gut mit öffentlichen Verkehrsmitteln erschlossen. Das Nahverkehrsunternehmen **TriMet** betreibt **Busse,** Schnellbahnen (**MAX Light Rail**) und – v. a. für Pendler aus dem Umland – **WES Commuter Rail** (Züge ins Umland). Zudem gibt es die **Streetcars** (Straßenbahnen).

Seit Sommer 2018 gibt es den **Hop Fastpass,** eine wiederaufladbare Plastikkarte (auch als Smartphone-Version), die sich bei häufigeren Fahrten lohnt, da man nicht ständig Tickets kaufen muss. Sie ist in allen Verkehrsmitteln (auch Streetcars) gültig. Einmalig fällt eine Gebühr von $ 3 für die Karte an, die es im Infozentrum am Pioneer Courthouse Square ❶ oder aber in Super- oder Drogeriemärkten zu kaufen gibt. Über die Website (http://trimet.org), eine App oder telefonisch kann die Karte beliebig aufgeladen werden. Wer einen Hop Fastpass besitzt, dem wird pro Tag höchstens $ 5 (wie fürs Tagesticket) abgebucht.

Neben dem beliebig aufladbaren Fastpass werden **Hop-Einzeltickets** verkauft (Papier), die ebenfalls auch in den Streetcars gelten. Sie müssen genau wie der Fastpass vor Fahrtbeginn an grün markierten Hop-Pfeilern **durch Scannen entwertet** werden.

In **Bussen** kann man vorn beim Fahrer auch noch mit Bargeld bezahlen und in **Straßenbahnen** gibt es auch im Fahrzeug Ticketautomaten.

Ein Einzelticket für **Busse** und **MAX** kostet $ 2,50 (gültig 2½ Std.) und ein **Tagespass** $ 5. Die Straßenbahnen kosten $ 2 pro Fahrt (Ticket nur dort gültig).

MAX Light Rail bedient auf fünf Linien und knapp 100 km Schienen knapp 100 Stationen:

❯ **Blue** (Hillsboro/City Center/Gresham)
❯ **Green** (Clacamas/City Center/PSU)
❯ **Red** (Airport/City Center/Beaverton)
❯ **Yellow** (Expo/City Center/PSU)
❯ **Orange** (Oak Grove/City Center/PSU99

Die **Portland Streetcar** verkehrt auf zwei Strecken, wobei die Haltestellen oft von bestimmten Firmen (die dort werben) gesponsert werden:

❯ **North South Line:** zwischen Northwest Portland und Nob Hill durch den Pearl District und Downtown über PSU nach South Portland
❯ **A Loop Line:** im Kreisverkehr von Downtown über den Willamette River (Broadway Bridge) durch Lloyd District, Rose Quarter, Central Eastside und via OMSI über die neue Tilikum Crossing Bridge zurück nach Downtown. Die **B Loop Line** befährt dieselbe Strecke in entgegengesetzter Richtung.
❯ **Infos TriMet/MAX:** http://trimet.org
❯ **Portland Streetcar:** www.portlandstreetcar.org

Versicherungen

Eine **private Auslandskrankenversicherung** ist in den USA unverzichtbar. Da die Kosten für Behandlung und Medikamente von den gesetzlichen und auch vielen privaten Krankenversicherungen in Deutschland und Österreich (Schweizer sollten nach-

☑ *TriMet-Busse bedienen auch abgelegenere Punkte der Stadt*

064po-mb

fragen!) nicht übernommen werden, können hohe Kosten anfallen. Am günstigsten sind Jahres- bzw. Familienkrankenversicherungen von privaten Versicherern wie AXA, DKV, HanseMerkur oder auch des ADAC. Zur Erstattung der Kosten zu Hause benötigt man ausführliche Quittungen.

Die **Notwendigkeit anderer Versicherungen** sollte man in Ruhe prüfen. Reiserücktritts-, Gepäck-, Reisehaftpflicht- oder Reiseunfallversicherungen enthalten viele Ausschlussklauseln und zudem sind gewisse Schäden und Verluste oft bereits durch normale Privathaftpflicht- oder Unfallversicherungen abgedeckt. Auch in manchen (Gold-)Kreditkarten sind Versicherungen enthalten.

Wetter und Reisezeit

Portland ist bekannt für Regen: Es sollen rund **164 Regentage im Jahr** sein und Portlanders sprechen gern von „**Portland mist**", dem typischen feinen Nieselregen, der ganzjährig eine üppig-grüne Flora hervorbringt. Was die Regenmenge angeht, steht Portland nicht ganz oben, lediglich was die Zahl der Tage angeht, an denen es (meist mäßig und oft punktuell) regnet.

Der meiste Regen fällt von November bis Februar, am trockensten ist es von Juni bis September. Von **Ende Mai bis Anfang Oktober** herrscht „Sommersaison" mit meist angenehmen, oft auch hohen Temperaturen, jedoch bei relativ niedriger Luftfeuchtigkeit. In den Wintermonaten kann es (selten) schneien, doch der **Schnee** bleibt meist nicht länger als ein paar Stunden liegen.

Die von Niederschlägen und Temperaturen her **empfehlenswerteste Reisezeit** sind die Monate Juni bis September.

Erkältungsanfällige Personen sollten wegen der durch Klimaanlagen verursachten Temperaturunterschiede ein Tuch, einen leichten Pullover oder eine Jacke dabei haben.

Durch- schnitt	Wetter in Portland											
Maximale Temperatur	7°	11°	13°	16°	20°	23°	27°	27°	24°	18°	11°	8°
Minimale Temperatur	1°	2°	4°	5°	8°	12°	14°	14°	11°	7°	4°	2°
Regentage	15	13	14	11	9	6	3	4	6	9	16	16
	Jan	Febr	März	Apr	Mai	Juni	Juli	Aug	Sept	Okt	Nov	Dez

▷ *Die Bridal Veil Falls („Brautschleier-Wasserfälle", s. S. 47) am Historic Columbia River Highway*

ANHANG

Kleine Sprachhilfe Amerikanisch

Für einen tieferen Einstieg in die Sprache seien an dieser Stelle die Reisesprachführer „Amerikanisch – Wort für Wort" (Kauderwelsch-Band 143), „American Slang" (Kauderwelsch-Band 29) und „More American Slang" (Kauderwelsch-Band 67) aus dem REISE KNOW-HOW Verlag empfohlen.

Begrüßung und Höflichkeit

Guten Morgen	*Good morning* (bis mittags)
Guten Tag	*Good afternoon* (ab mittags)
Guten Abend	*Good evening*
Gute Nacht	*Good night*
Auf Wiedersehen	*Goodbye/Bye-bye/* *See you* (umgangssprachlich)
Willkommen!	*Welcome!*
Mein Name ist ...	*My name is ...*
Wie heißen Sie?	*What's your name?*
Schön Sie/Dich kennenzulernen/zu sehen.	*Nice/Good to see you.*
Entschuldigen Sie ...	*Excuse me, please, ...* (bei Fragen)
Verzeihung!	*Sorry/Pardon me!*
Bitte	*Please* (bei Fragen, Bitten)
Danke	*Thank you/Thanks*
Bitte, gern geschehen	*You are (very) welcome*
Könnten Sie mir bitte sagen ...	*Could you, please, tell me ...*

Allgemeine Fragen und Wendungen

Ich bin/Wir sind ...	*I am .../We are ...*
Das ist/sind ...	*This is/These are ....*
Wo ist/sind ...?	*Where is/are ...?*
Wo kann ich ... bekommen?	*Where can I get ...?*
Was ist das?	*What's that?*
Haben Sie ...?	*Have you got ...? I am looking for ...*
Wie viel kostet ...?	*How much is ...?*
Ich verstehe nicht.	*I don't understand.*
Sprechen Sie Deutsch?	*Do you speak German?*
Wie heißt das auf Englisch?	*What's that in English?*
vielleicht	*perhaps, maybe*
wahrscheinlich	*probably*
Ist es möglich ...?	*Is it/Would it be possible ...?*
Wer?	*Who?*
Was?	*What?*
Wie?	*How?*
Wie viel(e)?	*How much?* (Menge) *How many?* (Anzahl)

+++ **Die wichtigsten Wörter mit dem Bonus-Audiotrack des Kauderwelsch-**

Zeit

Wie spät ist es?	*What time is it?*
Es ist 10 Uhr.	*It's 10 a.m. (ante meridiem)*
Es ist 22 Uhr.	*It's 10 p.m. (post meridiem)*
Mittag/Mitternacht	*noon/midnight*
heute	*today*
morgen	*tomorrow*
gestern	*yesterday*
morgens	*in the morning*
nachmittags	*in the afternoon*
abends	*in the evening*
früh/früher	*early/earlier*
spät/später	*late/later*

Wochentage

Montag	*Monday*	Freitag	*Friday*
Dienstag	*Tuesday*	Samstag	*Saturday*
Mittwoch	*Wednesday*	Sonntag	*Sunday*
Donnerstag	*Thursday*	Feiertag	*holiday*

Geldangelegenheiten

Geld, Kleingeld, Bargeld	*money, change, cash*
1 Dollar ($)	*„buck" (100 cent)*
1/5/10/25 Cent (c.)	*penny/nickel/dime/quarter*
Tausender	*grand*
Geldautomat	*ATM (automated teller machine)*
Kreditkarte	*credit card*
Reisescheck	*travelers cheque/check*
Ausweis	*ID (identification papers/card), passport*
Steuer	*tax*
Gebühr	*fee*

Unterwegs

Wie weit ist es bis ...?	*How far is it to ...?*
Ist das der richtige Weg nach ...?	*Is this the right way to ...?*
Nord, Süd, Ost, West	*north, south, east, west*
links, rechts	*left, right*
geradeaus, zurück	*straight (ahead), back (to)*
Ampel, Kreuzung	*traffic light(s), junction*
Auto/Mietwagen	*car, vehicle/rental car*
Autovermietung	*car rental station*

Lastwagen	truck
Motorrad	motorcycle, bike
Benzin	gas
Tankstelle	gas station
Führerschein	driver's license
Panne/Pannenhilfe	breakdown/roadside assistance

Öffentliche Verkehrsmittel

Fahrkarte	ticket
Tageskarte	day pass
einfache Fahrt	one-way trip
hin und zurück	round trip
Schienenverkehr (Tram, U-/S-Bahn)	light rail
Straßenbahn	tram, streetcar
U-Bahn	subway, metro
(Bus-)Bahnhof/-Haltestelle	(bus) station/stop
Zug/Bahnhof	train/train station, railroad station
Schiff/Fähre	boat/ferry

Unterkunft

Haben Sie ein Zimmer frei?	Any vacancy? Do you have a room available?
Zimmer frei/besetzt (Schilder)	Vacancy/No vacancy
Reservierung	reservation
Einzel-/Doppelzimmer	single/double room
... mit einem Bett/	... with one (king-size)/
... mit zwei Betten	... with two (queen-size) beds
... mit Frühstück	... with breakfast included
Badezimmer	bathroom
Dusche, Badewanne	shower, bathtub
WC	bathroom, restroom, ladies'/men's room
behindertengerecht	handicapped accessible/ handicap-accessible
Aufzug, Treppe, Rolltreppe	elevator, stairs, escalator
Stockwerk	floor
Parterre/erster Stock	ground floor oder first floor/second floor

Essen und Trinken

Speisekarte	menu
Ich möchte ... bestellen	I would like (to order) .../I will take ...

Rechnung	check		Mittagessen	lunch
Tagesgericht	daily special		Abendessen	dinner/supper
Vorspeise	appetizer		Bedienung (m/w)	waiter/waitress
Hauptgericht	entree/entrée		Trinkgeld	tip, gratuity
Nachspeise	dessert		essen	to eat
Frühstück	breakfast		trinken	to drink

REISETAGEBÜCHER –
Notizen von unterwegs

Die **Reisetagebücher** haben 133 Seiten zur freien Gestaltung. Es gibt noch eine Packliste, eine Budgetliste und Adress-Seiten zum Ausfüllen. Und natürlich viel Nützliches für unterwegs. Sie sind liebevoll illustriert mit alten Stichen von Tieren, Pflanzen und Fortbewegungsmitteln aus aller Welt oder mit Mustern aus aller Welt. Aufgelockert mit Gedanken und Zitaten zum Thema Reisen.

Sie sind zuverlässige und verschwiegene **Gefährten auf Reisen**. Egal ob Wochenendausflug oder Langzeitreise, ob in den Bergen, am Strand oder in der Stadt. Zwei Journale für Fernweh und Wanderlust, Wichtiges und Unwichtiges, Schönes und Schwieriges ...

- Weltkarte
- Kontinente und Zeitzonen
- Immerwährender Kalender
- Reiseverzeichnis
- Sprachhilfe ohne Worte

160 Seiten | € 12 [D]
ISBN 978-3-8317-3020-9

160 Seiten | € 13,90 [D]
ISBN 978-3-8317-3120-6

Register

Die Autoren

Margit Brinke und **Peter Kränzle** sind promovierte Archäologen, die sich vor fast 25 Jahren als freiberufliche Journalisten und Buchautoren selbstständig gemacht haben. Seither konnten sie sich durch über 90 Publikationen bei verschiedenen Buchverlagen und durch regelmäßige Mitarbeit bei verschiedenen Zeitungen, Magazinen und Blogs einen Namen im Reise- und Sportjournalismus machen. Sie wurden u. a. 2018 mit dem „IPW Travel Writer Award" ausgezeichnet. Im REISE KNOW-HOW Verlag liegt über ein Dutzend regelmäßig aktualisierter CityTrip- und CityTripPLUS-Bände, vor allem zu nordamerikanischen Destinationen, vor.

Portland besuchen die Autoren seit den späten 1980er-Jahren regelmäßig und haben beobachtet, wie sich die Stadt von der „grauen Maus" zum hippen, kreativen Paradiesvogel entwickelt hat – alles andere als eine „normale" US-Stadt und unbedingt einen Besuch wert!

Schreiben Sie uns

Dieses Buch ist gespickt mit Adressen, Preisen, Tipps und Daten. Unsere Autoren recherchieren unentwegt und erstellen alle zwei Jahre eine komplette Aktualisierung, aber auf die Mithilfe von Reisenden können sie nicht verzichten. Darum: Teilen Sie uns bitte mit, was sich geändert hat oder was Sie neu entdeckt haben. Gut verwertbare Informationen belohnt der Verlag mit einem Sprachführer Ihrer Wahl aus der Reihe „Kauderwelsch".

Kommentare übermitteln Sie am einfachsten, indem Sie die Web-App zum Buch aufrufen (siehe Umschlag hinten) und die Kommentarfunktion bei den einzelnen auf der Karte angezeigten Örtlichkeiten oder den Link zu generellen Kommentaren nutzen. Wenn sich Ihre Informationen auf eine konkrete Stelle im Buch beziehen, würde die Seitenangabe uns die Arbeit sehr erleichtern. Unsere Kontaktdaten entnehmen Sie bitte dem Impressum.

Impressum

Margit Brinke, Peter Kränzle

CityTrip Portland

© REISE KNOW-HOW Verlag
   Peter Rump GmbH

1. Auflage 2019

Alle Rechte vorbehalten.

ISBN 978-3-8317-3109-1

Druck und Bindung:
   Media-Print, Paderborn

Printed in Germany

Herausgeber: Klaus Werner
Layout: amundo media GmbH (Umschlag, Inhalt), Peter Rump (Umschlag)
Lektorat: amundo media GmbH
Karten: Ingenieurbüro B. Spachmüller, amundo media GmbH
Anzeigenvertrieb: KV Kommunalverlag GmbH & Co. KG, Alte Landstraße 23, 85521 Ottobrunn, Tel. 089 928096-0, info@kommunal-verlag.de
Kontakt: Osnabrücker Str. 79, 33649 Bielefeld, info@reise-know-how.de

Alle Angaben in diesem Buch sind gewissenhaft geprüft. Preise, Öffnungszeiten usw. können sich jedoch schnell ändern. Für eventuelle Fehler übernehmen Verlag wie Autoren keine Haftung.

Bildnachweis

Umschlagvorderseite: Dreamstime.com© Deebrowning | Umschlagklappe rechts: Travel Portland
Soweit ihre Namen nicht vollständig am Bild vermerkt sind, stehen die Kürzel an den Abbildungen für die folgenden Fotografen, Firmen und Einrichtungen. Margit Brinke: mb | Travel Portland: tp

Liste der Karteneinträge

Zeichenerklärung

❶ Hauptsehenswürdigkeit
[B4] Verweis auf Planquadrat im City-Faltplan

✚ ✚ Arzt, Apotheke, Krankenhaus
❶ Bar, Bistro, Klub, Treffpunkt
🕮 Bibliothek
◉ Brewery (Brauerei), Pub, Kneipe
◎ Café
⚱ Denkmal
† Friedhof
📷 Galerie
🛍 Geschäft, Kaufhaus, Markt
🏨 Hotel, Unterkunft
❶ Imbiss, Bistro
❶ Informationsstelle
🏠 Jugendherberge, Hostel
🎞 Kino
⇦ Kirche
🏛 Museum
❹ Musikszene, Disco, Tanz
🛏 Pension, Bed & Breakfast
➤⚙ Polizei
✉ Post
❶ Restaurant
🆂 Sport-/Spieleinrichtung
● Sonstiges
🎭◯ Theater

◯ Straßenbahn-Haltestelle
━━ Stadtspaziergang (s. S. 12)

◯ Shoppingareal
◯ Gastro- und Nightlife-Areal

Hier nicht aufgeführte Nummern liegen außerhalb der abgebildeten Karten. Ihre Lage kann aber wie die von allen Ortsmarken im Buch mithilfe der Web-App angezeigt werden (s. rechts).

Portland mit PC, Smartphone & Co.

QR-Code auf dem Umschlag scannen oder **www.reise-know-how.de/citytrip/ portland19** eingeben und die **kostenlose Web-App** aufrufen (Internetverbindung zur Nutzung nötig)!

★**Anzeige der Lage und Satellitenansicht aller** beschriebenen Sehenswürdigkeiten und weiterer Orte
★**Routenführung** vom aktuellen Standort zum gewünschten Ziel
★**Exakter Verlauf** des empfohlenen Stadtspaziergangs
★**Audiotrainer** der wichtigsten Wörter und Redewendungen
★**Updates** nach Redaktionsschluss

GPS-Daten zum Download
Die GPS-Daten aller Ortsmarken und des Spaziergangs können hier geladen werden: www.reise-know-how.de, dann das Buch aufrufen und zur Rubrik „Datenservice" scrollen.

Stadtplan für mobile Geräte
Um den Stadtplan auf Smartphones und Tablets nutzen zu können, empfehlen wir die App „Avenza Maps" der Firma Avenza™. Der Stadtplan wird aus dieser App heraus geladen und kann dann mit vielen Zusatzfunktionen genutzt werden.

TRI◉MET
Rail System

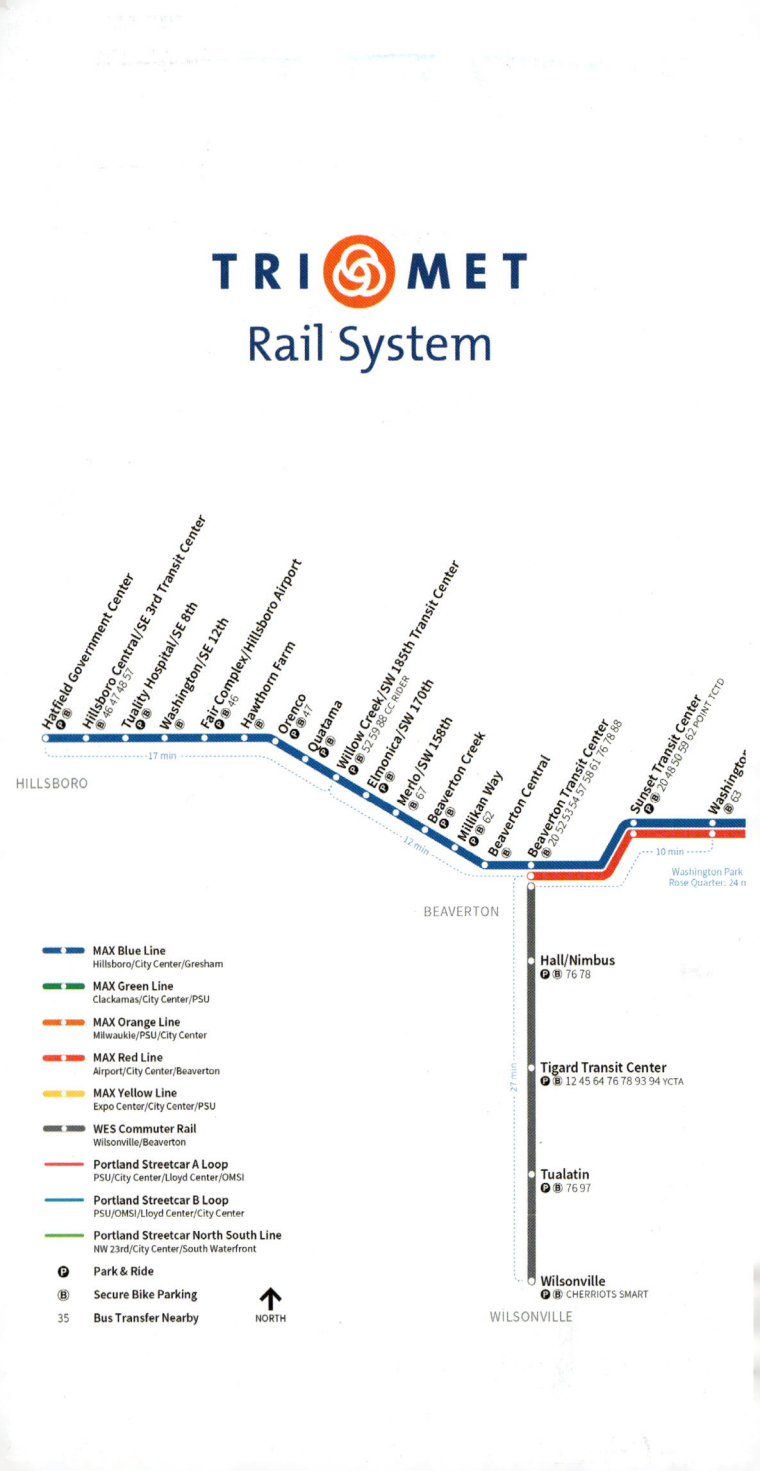

HILLSBORO

Hatfield Government Center

Hillsboro Central/SE 3rd Transit Center
46 47 48 57

Tuality Hospital/SE 8th

Washington/SE 12th

Fair Complex/Hillsboro Airport
46

Hawthorn Farm

Orenco
47

Quatama

Willow Creek/SW 185th Transit Center
52 59 88 CC RIDER

Elmonica/SW 170th

Merlo/SW 158th
67

Beaverton Creek

Millikan Way
62

Beaverton Central

Beaverton Transit Center
20 52 53 54 57 58 61 76 78 88

Sunset Transit Center
20 48 50 59 62 PONT TCTD

Washington
63

— 17 min —

— 12 min —

— 10 min —

BEAVERTON

Washington Park
Rose Quarter: 24 m

Hall/Nimbus
76 78

Tigard Transit Center
12 45 64 76 78 93 94 YCTA

27 min

Tualatin
76 97

Wilsonville
CHERRIOTS SMART

WILSONVILLE

MAX Blue Line
Hillsboro/City Center/Gresham

MAX Green Line
Clackamas/City Center/PSU

MAX Orange Line
Milwaukie/PSU/City Center

MAX Red Line
Airport/City Center/Beaverton

MAX Yellow Line
Expo Center/City Center/PSU

WES Commuter Rail
Wilsonville/Beaverton

Portland Streetcar A Loop
PSU/City Center/Lloyd Center/OMSI

Portland Streetcar B Loop
PSU/OMSI/Lloyd Center/City Center

Portland Streetcar North South Line
NW 23rd/City Center/South Waterfront

Ⓟ Park & Ride

Ⓑ Secure Bike Parking

35 Bus Transfer Nearby

↑ NORTH